Norddeutscher Lloyd Bremen

Gesundheit auf See

Seereisen mit dem Norddeutschen Lloyd Bremen

Norddeutscher Lloyd Bremen

Gesundheit auf See

Seereisen mit dem Norddeutschen Lloyd Bremen

ISBN/EAN: 9783954272594
Erscheinungsjahr: 2013
Erscheinungsort: Bremen, Deutschland

© maritimepress in Europäischer Hochschulverlag GmbH & Co. KG, Fahrenheitstr. 1, 28359 Bremen. Alle Rechte beim Verlag und bei den jeweiligen Lizenzgebern.

www.maritimepress.de | office@maritimepress.de

Bei diesem Titel handelt es sich um den Nachdruck eines historischen, lange vergriffenen Buches. Da elektronische Druckvorlagen für diese Titel nicht existieren, musste auf alte Vorlagen zurückgegriffen werden. Hieraus zwangsläufig resultierende Qualitätsverluste bitten wir zu entschuldigen.

Coverfoto: Egon Häbich / pixelio.de

Norddeutscher Lloyd Bremen

Gesundheit auf See

Sonderheft der
monographischen Zeitschrift
Der Kurort

Bad Homburg

30 Minuten von Frankfurt a. M.

Saison April-Oktober	Season April-October
Allerersten Ranges	Very first class Hotel
Warmwasserheizung Aufzüge — Vacuum	with beautiful gardens a. terraces — Hot- water Heating — Lift — Vacuum cleaner
Feines Restaurant **Diätetische Küche**	**Fine open air Restaurant** **Dietetic cooking**
Prachtvoll abgeschlossene Wohnungen mit Bad sowie einzelne Zimmer mit fließendem Wasser.	Beautiful private suites of rooms and many single and double rooms with bath and running water.
Schöne Gärten	
Vorteilhafte Vereinbarungen bei längerem Aufenthalt!	Advantageous terms for prolonged stay.
Garage 2 Minuten vom Hotel.	Garage near to the hotel.

Ritter's Park-Hotel

DER KURORT

Eine monographische Zeitschrift.
Herausgeber: Dr. med. Josef Löbel (Franzensbad).

Der Kurort erscheint in freier Folge und ist durch den Buchhandel oder direkt von der Expedition zu beziehen. Einzelpreis 50 Pfennig. — Redaktion und Expedition: Berlin SW. 19, Beuthstraße 8.

April 1914 — Sondernummer

Gesundheit auf See
(Seereisen mit dem Norddeutschen Lloyd Bremen).

Klarer Tag.

Der Himmel leuchtet aus dem Meer;
ich geh und leuchte still wie er.

Und viele Menschen gehn wie ich,
sie leuchten alle still für sich.

Zuweilen scheint nur Licht zu gehn
und durch die Stille hinzuwehn.

Ein Lüftchen haucht das Deck entlang:
O wundervoller Müssiggang.

Richard Dehmel.

Ein Wellenberg.

Das heilsame Meer.

Von Dr. A. Güttich, eh. Schiffsarzt.

Noch vor wenigen Jahrzehnten verband man unwillkürlich mit dem Begriff einer Seereise den Gedanken des Wagemuts. Das hanseatische Wort: „Navigare necesse est, vivere non!" zeigt den unerbittlichen Ernst, der in früheren Jahrhunderten dem Seemannsberuf eigen war. — Mit riesigen stahlklirrenden Schritten ging die Technik vorwärts. Die Schiffe wurden immer größer, die Seereisen immer angenehmer und gefahrloser. Es ist deshalb kein Wunder, daß wir heute zwei Typen von Reisenden zahlreich an Bord unserer stolzen Lloyddampfer finden, die man auf den alten Hansakoggen, aber auch noch auf den „Ozeandampfern" der sechziger und siebziger Jahre vergebens gesucht hätte: die Vergnügungs- und die Erholungsreisenden.

Um die Mitte des letzten Jahrhunderts fingen englische Ärzte an, Seereisen als Heilmittel zu empfehlen. Sie nahmen damit die Gedanken der römischen Gelehrten Celsus und Plinius wieder auf. Die Engländer hatten freilich eine eigenartige Begründung für ihre Idee. Sie glaubten nämlich, entsprechend dem Zeitgeist der damaligen Heilkunde, an so manches heilkräftige Brechmittel. Man kurierte damals nicht nur die Krankheiten des Magens und des Darmes, sondern auch Kopfschmerzen, Halsentzündung und manches andere mit diesem probaten Mittelchen. Durch die Wirksamkeit der Seekrankheit hatte man nun ein ideales, ungiftiges „Emeticum", wie der Fachausdruck für diese Medikamente heißt, gefunden und deshalb empfahl man die Seereisen. — „Es ändert sich die Zeit", unsere Gesichtspunkte, auf Grund deren wir heute die Meerfahrten als heilsam verordnen, sind etwas andere.

Wohl jedem, dem es einmal vergönnt war, auf einem der musterhaften Dampfer des Norddeutschen Lloyd die blauen Fluten des Ozeans zu durchkreuzen, wird aufgefallen sein, welch fröhliche Stimmung unter den Reisenden herrschte, auch wenn das Wetter nur leidlich gut war. Die gute Laune, die gewissermaßen auf diesen Dampfern zu Hause ist, kommt gewiß z. T. auf das Konto des Norddeutschen Lloyd. Die ausgezeichnete Verpflegung, die ebensogut auf fanatische Vegetarianer wie auf lukullische Epikuräer zugeschnitten ist — stehen doch schon auf der Frühstückskarte über 50 Speisen —, ermöglichen es jedem, in dieser Beziehung vollständig nach seiner Fasson selig zu werden. Dann sorgt der Lloyd noch für Musik, Unterhaltungsspiele an Deck, kleinen Festlichkeiten, gute Bücher u. a. m. Aber das Hauptverdienst an dem Wohlbefinden des Bordstaates hat doch die See. — Zunächst ist die vollständige Staub- und Keimfreiheit der Luft von hervorragender Bedeutung. Die Luft auf See ist in dieser Beziehung der Luft der Seebäder zweifellos überlegen. Bei dieser wechselt der Staub- und Keimgehalt je nach der Windrichtung. Die Luft auf See ist davon unabhängig, stets staub- und keimfrei.

Für das Nervensystem sehr anregend ist die Seeluft durch ihre Bewegung. Selbst bei Windstille hat man auf den modernen Dampfern, wenn sie in Fahrt sind, den Eindruck von strömender Luft. Deshalb kann das lähmende Gefühl, das eine Windstille am Strande zur Folge hat, bei Seereisen nicht aufkommen. Die Luftbewegung regt die Wärmeabgabe des menschlichen Körpers an und wirkt dadurch äußerst anregend auf den Stoffwechsel.

Das wichtigste der physikalischen Momente, die auf See unseren Organismus günstig beeinflussen, bildet die starke Besonnung. Es ist allgemein bekannt, in wie hohem Grade das Wachstum der Pflanzen, besonders auch die Bildung des Chlorophylls, des grünen Farbstoffs der Blätter, von der Sonnenbelichtung abhängt. Längst bewiesen ist auch, daß die Sonne für die Entwicklung und Gesundheit der Tiere und des Menschen außerordentlich wichtig ist. Für den Menschen leistet die Sonne einmal aktive Arbeit, dadurch, daß sie seinen Organen Lebenskraft liefert, und anderseits passive, dadurch, daß sie die Hauptfeinde seiner Gesundheit, die zahllosen Bakterien, vernichtet. Ohne diesen großen Weltdesinfektor würde es sehr schlimm auf unserem Planeten aussehen. Denn die Sonne tötet z. B. Pestbazillen und die Erreger der Diphtherie. Robert Koch hat nachgewiesen, daß auch der gefürchtete Tuberkelbazillus bei Sonnenbestrahlung zugrunde geht.

Die Sonnenbelichtung ist auf See ganz außerordentlich stark. Das Meer hat die Eigenschaft, auf die verschiedenen Bestandteile des Sonnenlichtes verschieden zu reagieren. Nach wissenschaftlichen Untersuchungen steht es fest, daß die See vom Sonnenspektrum die roten und ultraroten Strahlen am stärksten absorbiert, dagegen die gelben und grünen sowie die blauen und ultrablauen reflektiert. Da man nun weiß, daß die Wärmewirkung der Sonne auf ihren roten und ultraroten, die Lichtwirkung auf den gelben und die chemische Wirkung — die in der Medizin als Lichttherapie eine große Rolle spielt — auf den blauen und ultrablauen Bestandteilen beruht, so ergibt sich eine Bestätigung der Erfahrungstatsache, daß auf See bei starkem Sonnenschein die Wärmeentwicklung nicht derart empfunden wird wie die Lichtfülle.

Abgesehen von diesen physikalischen Heilfaktoren spielen gewisse physische Momente, die nur eine Seereise gibt und zu geben vermag, für das Wohlbefinden der Reisenden eine große Rolle. Nicht zu unterschätzen ist es, daß es fast unmöglich ist, sich an Bord irgendwie zu überanstrengen. Man hat genügend Bewegung, auf vielen Schiffen auch einen Zandersaal; aber der oft nachteilige Einfluß eines anstrengenden Sports, zu schwieriger Gebirgstouren usw. fällt weg. Von großer Wichtigkeit sind auch die vollständige Abgeschiedenheit von Berufspflichten, die Ruhe vor Telegrammen, aufregenden Briefen, Telephongesprächen, Zeitungsnachrichten, in seltenen Fällen wohl auch der sichere Schutz vor Postaufträgen und Zahlungsbefehlen. Das Bordleben bietet also die besten Bedingungen für wirkliches Ausspannen. Überflüssig ist es, von den mächtigen Anregungen zu sprechen, die mit dem Besuchen fremder Häfen und Länder verknüpft sind, die ihrerseits schon genügen würden, den Seelenzustand und damit das Allgemeinbefinden zu heben und die in Verbindung mit den anderen mittelbaren und unmittelbaren Einflüssen der Seereisen genügen, diesen die Bedeutung eines hervorragenden Heilfaktors zuzusprechen.

Das schwimmende Sanatorium.

Von Gustaf Kauder.

Der Personendampfer als Sanatorium, d. h. als Genesungsheim für schwächliche, rekonvaleszente oder erholungsbedürftige Menschen, muß natürlich zuerst alle die elementaren, hygienischen und sanitären Voraussetzungen erfüllen wie die gleichen Anstalten auf dem Festlande. Vor dreißig Jahren war noch keine einzige dieser Bedingungen erfüllt, und auch heute noch schwimmen auf allen Ozeanen genug alte Kästen, in denen man mit dem Kopf an alle Decken stößt, wo das schmutzige Waschwasser in Zinkkübeln den ganzen Tag in den Kabinen absteht, wo Öllampen brennen, aber nicht leuchten, wo man keinen unbehinderten Schritt tun kann, ohne über Drahttaue zu stolpern oder sich an Eisenschwellen und Eisenleitern die Schienbeine zu zerstoßen, und wo man vorwiegend auf eine Kost von Konserven und Hartbrot angewiesen ist. Daran sollte sich der verwöhnte Reisende unserer Zeit erinnern, wenn ihm die Errungenschaften der letzten Jahre schon allzu selbstverständlich erscheinen wollen.

Der hier folgenden, kurzgefaßten Darstellung der hygienischen, sanitären und komfortablen Einrichtungen eines Up to date-Dampfers sind die letzten Errungenschaften der Lloydschiffe zugrunde gelegt worden, womit der zugleich der vorgeschrittenste Standard überhaupt geschildert wird. Der Norddeutsche Lloyd hat seit jeher die Führung in der Entwicklung der modernen Personenschiffahrt festgehalten, und der seereisende Leser darf daher nicht erwarten, auch auf allen anderen, kleineren, älteren Schiffen die gleiche Vollkommenheit, die gleiche Bequemlichkeit und entbehrungslose Behaglichkeit anzutreffen. Trotzdem darf man aber gerade im Schiffbau den letzten, höchsten Standard beruhigt auch schon als typischen und durchschnittlichen setzen, denn die Entwicklung eilt hier so schnell, daß die Errungenschaft von heute morgen schon allgemein, und übermorgen gar altmodisch geworden ist.

Der wichtigste Schritt zur Schaffung festlandähnlicher Verhältnisse im Schiffe wurde mit der enormen Vergrößerung der Schiffskörper getan. Vor zehn Jahren galten noch Schiffe von 8000 und 10 000 Reg.-Tonnen als die nicht mehr zu überbietenden „Mammuts, Leviathane, Giganten" des Ozeans. Heute besitzt der Lloyd mehrere Schiffe von der Größe der „Kronprinzessin Cecilie" (20 000 Reg.-Tonnen), ferner den „George Washington" mit 26 000 Reg.-Tonnen, und endlich den neuen „Columbus", der demnächst in den Verkehr eingestellt wird, mit 35 000 Reg.-Tonnen. Dieses letzte, 236 m lange und 26 m breite Schiff wird der fünftgrößte Dampfer der Welt sein! Ein Vergleich der Passagierzahlen zwischen den kleineren und den größeren Schiffen zeigt nun, daß der neugewonnene Raum durchaus nicht bloß zur Vermehrung der beförderten Personenanzahl ausgenutzt wird. In andern Worten: dem Einzelnen bleibt hier noch mehr Luftraum im Schiff eingeräumt als dort. Vor zehn Jahren galten 6 bis 8 Kubikmeter Luft pro Kopf als ideal, auf den neuen Schiffen steigt der Luftraum des Einzelnen auf 16 bis 20 Kubikmeter! Auf jenen Spezialschiffen aber (Yachten usw.), die für Vergnügungsreisen immer eigens neueingerichtet werden, die meist nur eine Klasse führen und die Passagierzahl beschränken, also z. B. auf der „Schleswig" oder auf dem „Großen Kurfürst" des Lloyd, gestalten sich diese Verhältnisse noch viel günstiger.

Dem Seereisenden unserer Tage stehen so nicht nur viel größere und zahlreichere Gemeinschaftsräume als früher zur Verfügung (zweistöckige Speisesäle, Rauchsalons, Wiener Cafés, Kaffeelaube und Konditorei, Damensalon, Festhallen mit drei Meter hohen Fenstern, Schreib- und Lesezimmer, Musikzimmer, Bibliothek, Turnhalle usw.), auch seine Wohnkabinen sind viel größer geworden. Das ergibt aber nicht nur mehr Licht und Luft, es ermöglicht auch freistehende Betten, normales geschmackvolles Mobiliar an Stelle der früheren Zaubertheater-Klappmöbel. In diesen Zimmern gibt es Schränke, Kommoden, richtige Waschtische, Schreibtische, Stühle Fauteuils, Sofas, Teppiche, Fenster mit Fenstervorhängen usw. usw. Überdies ist es möglich geworden, einem Reisenden zwei oder mehr Zimmer („Appartements" von Schlaf-, Wohn-, Frühstücks- und Kofferzimmer nebst eigenem Bad und W. C.) zur Verfügung zu stellen. Kein Festlandhotel kann eine schönere und komfortablere Zimmerflucht bieten!

Diese Verhältnisse verbessern sich aber noch durch die Bauart der neuen Schiffe mit ihren hellen, luftigen Deckhäusern und durch die vollendeten Lüftungsvorkehrungen. „Schiffgeruch", dieses unangenehme Odeur von Eisenlack und Bilgewasser (Faulwasser) gibt es nicht mehr im modernen Stahlschiff, das mit geruch-

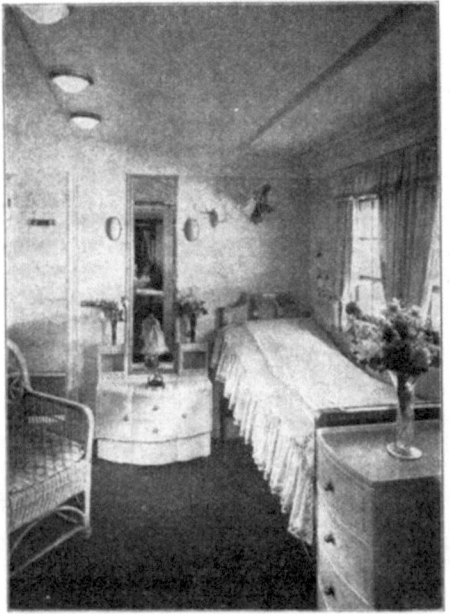

Kaiserzimmer auf D. „Kronprinzessin Cecilie" des Nordd. Lloyd.

losen Farben gestrichen ist, hölzerne Inneneinbauten hat, und für dessen Wohneinrichtungen nur staubfreies Material, poliertes Holz, Messing, Nickel, Glas, Fayence, Linoleum, Gummi usw. verwendet wird. Die Rohranlagen für die Lüftung sind zweifach, ein kompressorisches System für die Zuführung frischer Luft, und ein exhaustorisches zum Absaugen der verbrauchten Luft. (Diese Lüftungsrohre dienen gleichzeitig als Feuerlöschanlage.) Es erfolgt aber auch nicht direkte Durchlüftung (und Erhellung mit Tageslicht) durch die zahlreichen Licht- und Luftschächte und Oberlichtanlagen, deren Wirkung gleichfalls bis in die Tiefen des Schiffskörpers hinabreicht, und durch die neuartigen Schiffsfenster, die eine Ventilation auch bei hohem Seegang zulassen. Die Luft im Schiff ist heute besser, staub- und keimfreier als irgendwo auf dem Festland mit seiner schlechteren Beschaffenheit der atmosphärischen Luft.

Dampfheizung und elektrisches Licht, die durchweg eingeführt sind, beeinträchtigen den Luftzustand im Schiffe gegenüber den alten Beleuchtungs- und Beheizungssystemen gar nicht mehr. Allmählich geht man auch zu einem noch angenehmeren System der elektrischen Heizung über. Die künstliche Beleuchtung ist geradezu verschwenderisch, kein Hotelpalast kann größeren Lichtprunk aufweisen. Eine eigene große elektrische Kraftanlage ist hierfür erforderlich. Die Ruhe im Schiff ist vollkommen. Die Abdichtung der Wände, der Belag aller Parkettfußböden mit Teppichen und Linoleum, die Fußböden aus Gummifliesen usw. machen den menschlichen Lärmbold unschädlich. Die modernen Schiffsmaschinen aber arbeiten so lautlos, daß man kaum am Vibrieren der Planken errät, daß tief unter einem 40 000 oder 60 000 Pferdekräfte jagen.

Die Wassermisere der alten Schiffe ist gründlich behoben. Riesige Wassertanks (und ein schon fast überflüssiger Destillationsapparat) liefern (gekühltes) Trinkwasser und unbeschränktes Wasch- und Badewasser. Überall gibt es heute Fayence- oder Glas-Waschtische mit fließendem kalten und heißem Wasser, mit geräuschlosen Hähnen, Mischbatterien und direktem Abfluß ins Meer. Eine Unzahl von Badezimmern (auf dem „Columbus" z. B. 110!) ermöglichen tägliches Bad in Süß- oder Salzwasser, Toiletten und Wasserklosetts entsprechen nach Anzahl und Ausstattung der weitestgehenden hygienischen Forderung.

Die Kommunikation im Schiff ist heute keine Kletterpartie mehr. Breite Korridore, helle Treppenhäuser und endlich auch schon Aufzüge führen durch die sieben bis elf Stockwerke eines modernen Riesenschiffes. Die Deckpromenade verdient hier zum erstenmal ihren Namen, man darf sie gern mit den Kolonnaden und Wandelhallen der Badeorte vergleichen. Auf dem „Columbus" z. B. erstreckt sie sich in der Runde an

Promenadendeck.

300 m (bei über 5 m Breite). Zu einem Spaziergang von 5 km gehören dort also nur mehr an zwanzig Runden. Überdies gibt es meist zwei gedeckte Promenadendecks (mit Windschutz und Glasfensterschutz gegen Regen), ferner ein Sonnendeck, Kinderspielplätze und Kinderzimmer. Nichts mehr also von Käfiggefühl und Drehkrankheit, kein lästiges Stoßen, Drängen und Gegeneinanderrennen, man kann frei ausschreiten! — Pagen, für Botengänge in dem Riesenkörper, und neuerdings auch schon Telephonanlagen vervollständigen die Bequemlichkeit der Kommunikationen.

Es ist überhaupt einer der größten Vorzüge und eine Grundbedingung des „Sanatorium"-Schiffes, daß es nicht mehr bloß Geselligkeit bietet, sondern auch Gelegenheit zur Absonderung, Einsamkeit, Ruhe. Die unvermeidliche „Abenteurer"-Gemeinschaft disharmonischer Elemente hat aufgehört. Man kann sich seinen Verkehr für Mahlzeiten, Spiel und Unterhaltung nach Stand und Neigung aussuchen (die Passagierzahlen, die die Bevölkerungsziffern kleiner Orte erreichen, verbürgen jedem freie Wahl), man kann sich auch außerhalb seiner Kabine zur Lektüre oder Arbeit zurückziehen — man findet heute oft schon Sekretäre und Schreibmaschinen und eine regelmäßig erscheinende Schiffszeitung an Bord. — man kann sich seinen Tag ganz nach seinen Gewohnheiten und wie zu Hause einteilen. Auch die Art der Geselligkeit und die Zerstreuungen sind vielfältiger geworden. Man hat sein tägliches Bad, Gelegenheit zu Gymnastik in der Turnhalle, man macht Spaziergänge, spielt Freiluft- und Zimmerspiele, liest, treibt Musik, hat Konzerte, Bälle, Kostümkränzchen, Festdiners mit Künstlervorträgen, Illuminationen, Fackelzüge usw. usw. Man entbehrt nicht einmal mehr den Anblick der blühenden und grünenden Natur, denn es gibt frischen Blumenschmuck, Blattpflanzen, Palmenecken und Wintergärten!

Deshalb haben endlich auch die Mahlzeiten ihren falschen Charakter als Zeitfüllsel verloren. Früher pflegte man zu sagen, Schiffskost sei vorzüglich, aber nach fünf Tagen habe man sie satt. Denn früher aß man aus Langeweile, also zuviel, fast ununter-

Kaiserzimmer auf D. „Kronprinzessin Cecilie".

brochen, wobei man noch zu wenig Bewegung hatte. Erst heute kann man die hohe Tafelkultur der Lloydschiffe nach Gebühr schätzen. Allerdings ist auch das Menu, dank der Schnelligkeit der Schiffe, ihren modernen Kühlanlagen, Küchen und Bäckereien, so abwechslungsreich wie irgendwo auf dem Lande geworden. Es gibt immer frisches Fleisch, Geflügel, Wild, Fisch, frisches Gemüse und Salat, Obst, Butter, Eier, Milch, täglich frisches Brot. Es gibt überdies eine Menge von Saisondelikatessen und Ortsspezialitäten, die in den verschiedenen Häfen an Bord geliefert werden. Bier und Wein kann nach den rigorosesten Kennervorschriften temperiert werden, man bekommt Limonaden, Fruchtwässer, Gefrorenes. Mit einem Wort, auch hier gibt es keinerlei Beschränkung mehr. Man kann heute fast jede Diät auf dem Schiffe durchhalten, und selbst rituellen Speisewünschen fängt man schon an Rechnung zu tragen.

Die eigene Wäscherei des Schiffes liefert nicht nur Tisch-, Bett- und Badewäsche im Überfluß, sie reinigt dem Passagier auch die Leibwäsche, mit der er also nicht mehr zu „sparen" braucht. Eine Schneiderei erhält ihn bei Fasson und Eleganz, der der Friseur, Masseur, die Mani- und Pedikure den letzten Schliff gibt. Nennen wir noch den vorzüglich organisierten Arztdienst, das komplette Hospital, die Desinfektionsanlagen, die gegebene Gelegenheit zu Dusch- und einfacheren medizinischen Wannenbädern, so ist das schwimmende Sanatorium in seiner ganzen Einrichtung als dem Festlandssanatorium mindestens gleichwertig erwiesen. Erst unter diesen Bedingungen, nicht mehr geplagt von den Gespenstern der Langeweile, Monotonie und Seekrankheit (auch dieses Leiden ist durch die enormen Schiffsgrößen, durch Kreiselbalancen, Schlingerkiele und Schlingertanks praktisch so gut wie beseitigt), erst jetzt also hat der Seetourist den vollen, unbekümmerten Genuß der See in ihren tausendfältigen Lichtspielen, die Freude des großen, ausdrucksmächtigen Meeres, das die älteste Sehnsucht der Menschen ist, und das sie schöner, stärker, besser macht!

Bordpsychologie.

Von Norbert Jacques.

Der Engländer reist mit Selbstverständlichkeit, mit dem, was der Franzose „applomb" nennt und was sich manchmal bis zur Rücksichtslosigkeit steigern kann. Er ist von einer Freizügigkeit, die an Nomadenmenschen erinnert, er kann auf Komfort und selbst, obgleich er aus dem Land der Badewannen stammt, auf Reinlichkeit verzichten. Der Franzose reist mit wohlberechnetem Budget, er muß für die Völker Europas sparen, und das Kapitel über die Kosten in seinen Reiseführern sieht stets für drei verschiedene Finanzkräfte beim Reisenden vor: die petite bourse, die bourse moyenne und die grande bourse.

Aber der Deutsche reist mit Gemüt. Sein Reisen geht nach dem Märchen der fernen Küsten. Es ist ein frommer Dienst vor der Schöpfung. Seine Achtung vor der Fremde ist von einer brennenden Innigkeit und leidet nur daran, daß sie von „die Fremde" auf „der Fremde" übergeht. Seine Ausgaben auf Schiffreisen regelt nur die Laune. Bis auf gewisse Schichten von Reisenden ist er derjenige, der es sich wohlergehen läßt. Keine Stimmung bleibt unausgekostet. Er reist als Epikuräer.

Jedoch wie er sich voller Drang und Wünsche in die Ferne begibt, so schwer löst er sich von der Heimat. Ich kam einmal auf einen Dampfer, mit dem ich in der Nacht nach Brasilien fahren sollte. Ich dachte, ich käme auf ein stilles Schiff, das dem Land schon adieu gesagt hätte und nur darauf wartete, abzufahren. Aber alle Gesellschaftsräume waren mit Menschen überfüllt. Scheidende und Abschiednehmende saßen durcheinander, tranken und waren in einer so wilden erregten und lärmenden Abschiedsstimmung, daß es fast wie Tobsucht aussah, wenn sie die Champagnerkelche aneinander stießen, um immer wieder ein letztes Adieu-Glas zu leeren. Wie die Gläser, so stießen sie auch die Herzen gegeneinander und gingen nachher unmittelbar aus der heftigsten Lustigkeit in Tränen über, als das Scheiden kam. Das sind deutsche Reisende. Überall ist das Herz dabei, schwerblütig und zum Exzeß neigend.

Dann fährt das Schiff ab und auf einmal beginnt nach diesem übertriebenen, weil innerlich so schweren Loslösen von Menschen und Land in einem sonder-

baren Gegensatz das Leben an Bord. Es ist gezeichnet durch das rasche und leichte Zueinanderschwärmen. Leute aus den verschiedenartigsten Berufen und Gesellschaftsschichten, von den widersprechendsten persönlichen Veranlagungen lüften einen Ruck hoch die Mütze voreinander, sagen einen Namen und sind auf Wochen Freunde. Sie schließen sich zusammen zu Spielen, zum Trinken, Musikmachen, laufen nebeneinander viele Kilometer lang täglich die Decks ab, sie ordnen Feste an und gehen zusammen, wenn das Schiff in einem Hafen liegt, sich fremde Städte, Landschaften und Völker anschauen. Sie ordnen sich je nach der Ausgeprägtheit ihrer Persönlichkeit oder ihres Eigenwillens einander bei, ohne mehr voneinander zu wissen, als daß der Bordfreund ein Herr Meier aus Berlin ist (X-Seiten des Adreßbuchs sind mit diesem Namen gefüllt), und daß er im Bett über einem oder in Kabine 6 oder 7 schläft. Man wird sogar an der Hand der Notwendigkeit zu guten Freunden, ernsten und wohlmeinenden Kameraden. An Land ginge einer am andern vorbei. Hier vereinigen sich der Militärattaché mit den Handelsreisenden, der Professor mit dem Snob, die Bankiersfrau mit der nach Ostasien oder Südamerika verpflichteten Erzieherin. Es finden — an der Hand der merkwürdigen Kupplerin Notwendigkeit — die unwahrscheinlichsten Assimilierungen und Einordnungen statt.

Nach dem schwerblütigen Trennung vom Land, nach dem leichten Zusammenkommen mit Menschen an Bord und zugleich dem weisen und gemäßigten Regulieren der Schiffsfreundschaften kommt im Zielhafen die Trennung von Menschen, mit denen zusammen man ein Stück Fremde gesehen, Völkerschaften kennen gelernt hat, gute Deckfreundschaft und allerlei Gespräche und Erlebnisse gehabt hat. Sie ist so leicht, so wie das Zusammenkommen ohne Hemmnisse gewesen war, und meist hört man nichts mehr voneinander. Es bleibt nur in der Erinnerung das Bild eines Fremden, mit dem man einige Wochen dieselben Schritte gemacht, Reden geführt und Unbekanntes gesehen hat. Hat man den festen Boden wieder unter den Füßen, so stellt man sich auf sein altes Ich ein. Oder man nimmt Freundschaften mit

Siesta auf dem Sonnendeck des Lloyddampfers „George Washington".

in sein weiteres Leben, die man mit Menschen geschlossen hat, die einem andern Tätigkeitskreis angehören und die Gedanken nutzvoll über andere als die gewohnten Bahnen geführt haben.

Die Art des Verkehrs sub conditione, verbunden mit der Beweglichkeit, zu der ein jeder Hafen den Reisenden aus dem üppigen und geruhigten Dasein des Bordlebens aufstachelt, das Vielerlei dessen, was man sieht, das Einordnen aller Eindrücke schaffen dem Reisenden eine Beweglichkeit, zu deren Erziehung das feste Land keine Schule hat. Solche Reisen sind also wie ein Netz von Selbsterziehungsmitteln, das alle Sinne umgibt. Es ist mir auch immer aufgefallen, daß Menschen, die viel auf Schiffen gereist sind, selbst bei geringerer Veranlagung des Geistes und des Herzens doch eine gesteigerte Größe haben und von einer Duldsamkeit und Einsicht sind, die nicht nur aufs Innere gehen, sondern auch den Weg zu äußeren Erfolgen frei machen. Ihr Überblicken ist ausgedehnter, ihre Schlagfertigkeit ist prompter, ihre Gegenwärtigkeit rascher. Ihr Geist ist immer gespannt und bereit. Ich glaube, daß das viele Reisen der Engländer viel an der sieghaften Psychologie dieses Volks mitgearbeitet hat. Der Deutsche reist vorderhand noch weniger zweckbefreit, aber darum viel reicher und tiefer. Ihm ist die Fremde, wie gesagt, noch ein Wunder, vor dem es wert ist zu erschauern.

Es gehört auch hierhin, ein Wort zur Verteidigung des so viel geschmähten raschen Reisens zu sagen. Es hat einen großen Phantasiewert und es führt zu Reisegenüssen, die einem ein gründliches Verweilen oft nicht zu gewähren vermag. Ich erinnere mich kaum eines Reiseeindrucks, der stärker und nachhaltiger gewesen wäre, als der einer Nacht im portugiesischen Hafen Leixoes, dem Hafen von Oporto. Es ist nichts Besonderes geschehen in dieser Nacht. Bei Tag hat sich der Ort als eine reiz- und farblose Siedlung ohne Kultur wie ohne Wucht herausgestellt. Aber wie er in jener Märznacht, als ich zum erstenmal auf dem Flug in die Welt war, da lag, kraus von Lorbeerwäldern umgeben, umbrüllt von der Brandung des Meeres, schweigsam von der grünen Flut der Nacht überatmet, und nur einige lautlose kleine Fischerboote segelten durch die Dunkelheit an uns vorbei ins Meer hinaus, ... da war er, wie ein packendes, flüchtiges Abenteuer voll heimlicher Süße und Geheimnis.

Ein rascher erster Blick, in dem das Herz voll dem Fremden entgegenschlägt, vermag oft intuitiv mehr von der Seele des Unbekannten zu vermitteln, als ein längeres sich zwischen Bedeutendem und Gleichgültigem hinziehendes Verweilen. Das Gesehene bleibt dem Geist so schnell und glänzend, wie eine rasche frische Prägung. Die Phantasie behält ihren Spielraum und arbeitet, eine selbständige Künstlerin, den Vorgang in eine lebendig bleibende, kostbare Erinnerung aus. Es ist unklug, sie durch ein Nachholen des Besuchs in Gefahr zu bringen.

Zu einer sich steigernden Wichtigkeit in einer Zeit, die so sehr zu großen Reisen neigt, wird die Anlage der Schiffe, die heute noch allzusehr im Prinzip zugleich zu luxuriös und zu primitiv ist. Es ist kein Maß zwischen den Räumen, die der Allgemeinheit dienen, und denen, die dem Einzelnen zur Verfügung stehen. Da möchte ich nun auf einen Dampfertyp aufmerksam machen, wie ich ihn vor kurzem auf einer

Abendstimmung auf See.

Reise von Buenos-Aires nach Europa kennen lernte. Es sind die neuen Sierradampfer des Norddeutschen Lloyd. Mit ihnen scheint das moderne Schiff einen großen Schritt zum Ideal vorwärts gegangen zu sein. Vor allem ist auf den Sierradampfern prinzipiell das Nebeneinander der Betten und die Raumgröße der Kabinen durchgeführt und vervollkommnet durch eine einfache architektonische Art, die mit dem Bequemen das Wohltuende fürs Auge verbindet. Es ist auf ihnen ein Ausgleich zwischen Gesellschaftsräumen und Kabinen geschaffen. Keine Salons, deren Prunk das zu enge unbequeme Dahinter weglügen soll, aber überall kann man sich fest niederlassen und sieht sich von einem lichten freudigen Schmuck umgeben. Es ist nicht gemacht, wie sonst Schiffe, fürs Provisorische einer Reise von 2 bis 4 Wochen, sondern wir reisen in einem Schiff, das uns die gemächlichen Zimmer des Heims zu ersetzen versucht.

Kommissionsrat Guhl.

(Von einem, der's mit dem Magen zu tun hatte.)

Von Fritz Müller (Cannero).

Wir kannt n ihn schon lange, den Kommissionsrat Guhl. Und daß er's mit dem Magen zu tun hatte, wußten wir aus erster Quelle. Nämlich von ihm selber.

„Kinder", pflegte er zu sagen, „Kinder, es ist heutzutage ein Jammer mit dem Essen. Nirgends etwas ordentliches, was einem auch bekommen könnte. Ueberall ein Schlangenfraß —".

„Versuchen Sie's doch mal mit einem Lloyd-Vergnügungsdampfer, Herr Kommissionsrat."

„Vergnügungsdampfer? Kenn ich nicht."

„Wir haben sagen hören, Herr Kommissionsrat, daß die Verpflegung dort an Reichhaltigkeit und Feinheit unsere führenden Hotels übertreffen soll."

„Uebertreffen? Na, ist auch ein Kunststück —"

„Und wir wollen selber übernächste Woche mit der ,Prinzeß Irene' ins Mittelmeer."

„Kinder, tut mir den Gefallen und dreht nicht auf — seit wann habt ihr denn mit Prinzessinnen zu tun."

„Nein, Herr Kommissionsrat, die Prinzeß Irene ist ein Lloyd-Schiff."

„Ach so, ach so. Und dieses Frauenzimmerchen hat also eine gute Küche — was?" sagte der Kommissionsrat Guhl mit erwachendem Interesse.

Natürlich kam es, wie es kommen mußte.

Wer stand schon, halb grämlich und halb schmunzelnd, hinter der Brüstung der ,Prinzeß Irene', als wir über die Schiffsbrücke gingen? Der Kommissionsrat Guhl.

„Na, Kinder", sagte er, „hab es mal mit eurer Prinzessin versuchen wollen. Auf eure Verantwortung."

Wir lächelten vergnügt seinen festen und soliden Korpus an.

„Ach, Kinder, habt ja keine Ahnung, was es heißt, wenn's einer mit dem Magen zu tun hat. Ein verdrehter Magen, Kinder, ist der Vater aller Trübsal. Neulich las ich noch bei Nietzsche, glaube ich, wer's mit dem Magen zu tun hat, dem sind alle Quellen vergiftet. Der scheint es auch gekannt zu haben, dieser arme Nietzsche."

„Wie, Herr Kommissionsrat, Sie lesen auch den Nietzsche?"

„Nee, nee, sonst nich — hab's nur neulich irgendwo in einem Kurprospekt als Motto gefunden."

Ein Pikkolo mit einem Stoß gedruckter Frühstückskarten rannte vorbei.

„Halt, junger Mann, haalt!" rief der Kommissionsrat, „geben Sie mir mal gefälligst so'n Wisch."

Und dann las er vor: Zuerst spöttisch, nach und nach feierlich, zuletzt mit priesterlichen Gebärden:

Bordspiele.

„Apfelsinen. Grape-Fruit
Quaker Oats, Hominy. Milchreis
Geräucherter Schellfisch in Rahm-Sauce
Geröstete Scholle, Petersilie Butter
Gesalzene Makrele

Lammfilet in Kasserolle
Kalbsleber Bercy
Haschee von Küken auf Toast
Holsteiner Schnitzel
Wiltshire Speck
Yorkshire Schinken

Vom Grill: Filet Steak
Rindsrippensteak Hammelkotelette
Französische-, Rahm-, Oldenburger-,
Sarah Bernhard-Kartoffeln
Frische Trinkeier

Eier in Kokotte mit Fasanen-Puree
Omelette mit Ingwer
Eier Diable
Verlorne Eier Bearner Art
Georgette Pfannkuchen
Deutscher Pfannkuchen

Marmelade, Ingwer, Gelee, Honig
Koffeïnfreier Kaffee
Kaffee, Tee, Schokolade, Kakao,
Frische Milch und Sahne

Kalte Speisen:
Roast-Beef, gekochter Schinken
Verschiedene Wurst, Kapaun
Verschiedene Käse

Wilhelm Jöntzen. Bremen.

Nee, Wilhelm Jöntzen, Bremen, gehört nichmehr dazu; ist die Druckerei anscheinend. Uebrigens, Kinder, da muß ich sagen — 'ne anständige Frühstückskarte is' es — na, woll'n mal sehen — wißt, Kinder, Druckbuchstaben sind geduldig — wenn nich 'n ordentlicher Koch hinter der Druckerschwärze steht, kann mir jede Frühstückskarte gestohlen werden — na, kommt ihr mit?"

„Wohin, Herr Kommissionsrat?"

„Na, zum Frühstück doch."

Wir waren schon auf hoher See und konnten uns nicht trennen von den Wolken, von den Winden und den Wellen, als wir es hinter uns schnaufen hörten:

„Na, Kinder, nich übel, wirklich nich übel — muß ich sagen — muß ich wirklich sagen — 's war 'n Zuch drin, 'n richtiger Zuch — 's war nur 'n Malheur, daß man sich nich genügend — nich genügend nehmen konnte."

„Nicht genügend, Herr Kommissionsrat?" sagten wir in maßlosem Erstaunen mit der Speisekarte vor dem geistigen Auge.

Speisesaal auf dem Lloyddampfer „George Washington".

"Nja, Kinder — zunächst saß ich mal zuunterst an der Tafel — na, das wird das nächste Mal geändert — und vor mir fischte sich so'n Engländer noch immer das Tüchtigste wech — ich saach es ja, Kinder, die Engländer — und dann saß mir gegenüber so'n — so'n distinguierter Herr, der warf mir Augen herüber beim Essen — Auchen, saach ich euch, Kinder — bei jedem Bissen mußte ich diese Augen mit herunterschlucken — 's war greulich, Kinder — so 'n Neidhammel fällt einem auf die Nerven, Kinder, wenn man's mit 'm Magen zu tun hat — bin überzeugt, nur dieser — dieser Distinguierte ist schuld daran, wenn mir das Frühstück nich bekommen hat — ich habe da immer so'n eichentümlichen Druck in der Nierengechend — na, Kinder, will mich mal 'n bißchen ausruhen — djö, djö."

Knapp vor dem Dinner war er wieder völlig mobil, der Herr Kommissionsrat Guhl. Er hatte sich die Speisekarte wieder irgendwo ergattert und erschien damit strahlend auf Deck.

"Na, was sagt ihr nun zu einer solchen Speisekarte, Kinder?"

"Sie ist reichlich, Herr Kommissionsrat, überreichlich."

"Reichlich? Ja — überreichlich? Nee — es ist das, was ich schon lange suche, Kinder — übrigens, der Steward hat mir gesagt, mit dem Servieren wird heute abend unten angefangen — wenn nur nich die verdammten Auchen von dem — von dem Distinguierten — na, Kinder, diesmal kommt ihr doch mit, was?"

Und wir kamen mit. Und wir sahen erst mit Wohlbehagen, dann mit wachsendem Entsetzen, welche Quanten der Herr Kommissionsrat Guhl verschlang. Und wir sahen weiter, wie der Distinguierte fortfuhr, seine verwunderten Augen auf den Kommissionsrat hinüberzukugeln. Und wir vermerkten ferner, wie die Kellner in der Nähe des Kommissionsrats hetzten und liefen, von einer bleichen Angst ergriffen schienen.

Am Abend schnaufte der Kommissionsrat auf dem Schiffsdeck unter Sternenschein:

"Na, Kinder, Dinner hat gehalten, was das Frühstück versprochen hat. Der Auflauf nach Rothschild war der beste, den ich je gegessen habe. Nur Charlotte Metternich hätte 'n bißchen — 'n bißchen pikanter sein können, wogegen wieder die Wachteln nach Suwaroff — à la bonne heure, Kinder, à la bonne heure, das muß ich saachen, Kinder, wirklich saachen — was die Verpflegung durch den Lloyd betrifft — Lloyd betrifft — übrigens, der mit den Auchen, Kinder, war wieder schauderhaft — schau-der-haft — saacht mal selber, ob einem was bekommen kann — bekommen kann — wenn — wenn — es is' einem, als wäre der Appetit mitten durchgeschnitten, wenn einem so aufs Essen aufgepaßt wird — man ißt nicht, was man sonst normalerweise — normalerweise essen würde — wenn nur der Distinguierte — ich äße wahrhaftig lieber allein — es is' 'n Jammer, Kinder, daß man auf so 'nem Schiff mit Menschen zusammengespannt bleiben muß, die's einem nich gönnen, wenn uns ausnahmsweise mal was schmeckt — ich saache, ausnahmsweise, Kinder, denn es ist schon eine Weile her, daß mir 'n Essen so geschmeckt hat — ihr wißt ja, Kinder, wenn man mit'm Maachen zu tun hat — wie saacht doch Nietzsche gleich? 'n schwacher Maachen ist der Vater — der Vater aller — aller — weiß Gott, nun hab' ich das Zitat total vergessen."

Das war der erste Tag der Seereise.

In der Nacht auf den zweiten kam Gewölk herauf. Scharfe Winde bliesen. Im englischen Kanal gab es ein gehöriges Geschaukel. Ein wohlbekanntes Gespenst sprang auf das Schiff und betupfte die Kabinen mit verhexendem Knöchel. Die Seekrankheit ging um.

Am nächsten Tage blieben die Kabinen fast alle geschlossen. Vergebens riefen die Kellner zum reichbesetzten Frühstück. Verwaist bis auf ein paar verlorene Männlein stand die Tafel da. Auch wir beschlossen, später zu erscheinen.

Als wir eintraten, hatten bei dem tosenden Seegang die letzten Ritter von Marienburg die Flucht ergriffen. Nur eine einzige Gestalt saß ehern, unerschütterlich und klirrte sachgemäß mit scharfen Waffen: Der Kommissionsrat Guhl.

"Kinder", begrüßte er uns vergnügt, "Kinder, eben hat es den Distinguierten auch wechgerissen — nun kann man wenigstens einmal unscheniert essen, was mir schmeckt — es is' ohnehin selten genug, Kinder — ihr wißt ja, wenn man mit'm Maachen zu tun hat . . ."

5 Uhr-Tee auf einem Reichspost-Dampfer des Nordd. Lloyd.

Das Paar nach der Mode zur See.

Von Felix Poppenberg.

Auf dem Lloyddampfer von Bremen im März durch die Nordsee, in den Kanal, in den Ozean, ins Mittelmeer ... in den afrikanischen Frühling ...

Vom Reveille-Signal, das der musikalische Steward auf dem Gang der Trompete entlockt, wache ich auf und strecke mich in meinem Kojenbett. Durch die Bull-Augen der weißen Holzwand sehe ich langrollende blauweiß schimmernde Wellenzüge und fern blaß verdämmernd grünen Küstenstrich.

Ich entwickle mich vom Lager, vertausche den Batist-Schlafanzug mit dem grünseidenen Pyjama, werfe den orangefarbenen Kimono darüber, nehme meine Krokodil-Klubtasche mit den eingepackten Toilettenrequisiten, den Kristallflakons mit köstlichen Essenzen und wandere ins Bad ...

Dolce far niente.

* * *

Was werden wir heute essen, — dafür laßt die Regie des weisen Oberkochs sorgen. Womit werden wir uns kleiden — das ist freilich unsere Sache. Und g rade auf dem Steamer, wo man so herrlich viel Zeit und in der Vorzugs-Kabine sogar Raum hat, spielt diese Frage eine große Rolle. Nicht nur die Eitelkeit bestimmt, sondern der sichere Sinn für das Angenehme und Zweckmäßige, das Stilgefühl. Besuchsanzüge, Röcke, Gehrockpaletots, Zylinder gehören nicht an Deck, sie werden in den großen Koffer, am zweckmäßigsten in Schrankform, verstaut und in den Bauch des Schiffs abgrundtief versenkt, bis zum Festland-Wiedersehen. Wir brauchen für d n Bordbedarf den langen, flachen Kabinenkoff r zur Tagesgarderobe im Trotteur-Stil und zum Abend-Anzug, sowie die so praktische handlich aufstellbare Ledertasche für den Wäsche-Trousseau. Die Toilette-Utensilien kommen in den schon erwähnten Klub-Sack oder in den Suit-Case, der außerdem bequem noch alle Negligée-Sachen aufnimmt.

Dies für Monsieur. Madame wird freilich auf eine wichtige Errungenschaft der Packkunst nicht verzichten wollen, auf den Stiefelkoffer. Er gl icht einer komfortabelen Mumienkiste und kommt daher auch wohl am häufigsten in den Luxushotels in Aegypten vor. Klappt man ihn auf, so sieht er wie ein äußerst gepflegter Miniaturstall aus, mit zi rlichen Boxes: kein Pferdestall, vielmehr ein Bockstall, denn in jedem Abteil steht eingehüllt der hölzerne Bock mit dem graziösesten Frauenschuh in allen Variationen: aus Wildleder, weiß, grau, rehbraun, schwarz für den Tag; aus Seide in allen Nuancen der Kostümfarbe zum Abend; in der Kothurnform mit den Kreuz-Bindebändern und mit schimmernder Schnallenzier, doch diese bitte, nicht aus Straß, gleiß nd voll falscher Diamantenpracht; die Dame, die ich meine, zieht den schlichten, aber echten Mondstein oder Amethyst in Silberfassung als Accent des Spannes vor, und sie liebt auch die artistische Note der mattonig geäderten, bemalten oder gebattickten Chaussure.

Für den Abend im Speisesaal, wenn die Fenster verhangen und das Element draußen in Nacht versunken, gilt ja auf dem Schiff jede Phantastik und Eleganz des Salons. Die Damen tragen ihre Cerclette-Tunicas, ihre gerafften, geschlitzten Roben mit dem tief über die Schulter abgleitenden Décolleté und sie dürfen sich, wenn sie sie haben, mit den Schätzen Indiens schmücken. Ebenso tragen sich ja auch die Herren ausgeschnitten, zum mindesten in Smoking auf den kleineren Mittelmeerdampfern; auf den schwimmenden Prachthotels des Atlantic aber, die zur fünften Avenue hinüber leiten, bald mehr bald weniger à la Wallstreet schwankend, scheint durchaus der Frack geboten.

So unterscheidet sich im allgemeinen der Gesellschaftsraum über den Wassern nicht von dem auf der festgegründeten Erde. Eine besondere maritime Abend-Eleganz gibt es nicht, höchstens von Port Said ab, im tropischen Bereich des Korkhelms, wo das Weiß dominiert, und die Herren das leinene Dinner-Jackett anlegen, in der kurzen Spenzer-Façon der Meßjacken unserer

Mariners oder, wie es ein neuer Globetrotter-Dandysme einzuführen versucht, den blütenweißen Frack. Niemals aber dazu weiße Schuhe, sondern immer schwarze Lackpumps mit breiter Schleife.

* * *

Der charakteristische Steamer-Style des Anziehens entfaltet sich vielmehr am Tage; auf den Liegestühlen, bei den Geduldspielen des Shufflebord, im Saal der schwedischen Gymnastik, beim Flirt zwischen den Booten auf Sonnendeck, und auf Promenadendeck beim Five o' clock, wenn aus den Riesen-Silberkannen unversiegliche Teefluten sich ergießen und Berge von frischestem Gebäck zu den ältesten Weisen der gesinnungstüchtigen Kapelle wie nichts dahinschwinden.

Und für diesen Steamer-Style ist es bezeichnend, daß Herren und Damen durchaus ähnlich dahergehen, sitzen, stehen, liegen, und daß das Paar nach der Mode zur See ein fast zwillingshaftes Pendant darstellt.

Ein gewisser Austausch der Kleider-Nuancen voll gegenseitigen Nehmens und Gebens scheint stattgefunden zu haben. Die Herren liehen von den Damen die Koketterie der zartfarbigen Strümpfe, die sie nicht nur in der kurzen Sockenform, sondern mit besonderem Raffinement in englischer Länge zu seidenen Knie-Unterhosen tragen

Bordspiele.

(eine Koketterie, die natürlich auch auf dem Festland gilt). Die Damen adoptierten alle Attribute der „robusten Eleganz". Vor allem die mammuthaften Mäntel, die Ulster mit den tiefeingeschnittenen Raglan-Schlupfärmeln aus weich wolligen Flauschstoffen, kamel- oder elephantenfarben, mit großen Leder- oder Horn-Monocle-Knöpfen. Sie vergraben die Hände in die aufgesteppten Riesentaschen kuschelig, mollig und sind nicht mehr darauf angewiesen, daß der Partner singt „mit meinem Mantel vor dem Sturm beschütz ich Dich". Weit genug für zwei wäre er allerdings. Als ergänzende weibliche Note kommt vielleicht bei Windstärke sieben noch der wärmende En-tout-cas-Rotfuchs um den Hals dazu.

In der Nordsee und im Kanal, der rauhen Boreasstraße, ehe man die frühlingshafteren Gewässer erreicht, empfiehlt sich als Tagesanzug der derbe körnig griffige Homespun in graubraungelblich, spritzig sprenkligen Farbenmischungen; in Norfolk-Form, als Sakko mit aufgestepptem Rücken-Riegel, kurztaillig, leicht gefältet, zurzeit ohne den so lange geliebten Schlitz. Dazu an Deck stets lange Hosen, unten mit Umschlag. Passende Breeches für Landausflüge zu Pferd, Esel, Kamel in Nordafrika, und die Wickelgamaschen harren im Koffer ihrer Auferstehung. Selbstverständlich dazu die flache Tellermütze mit steilem Schirm aus gleichem Stoff, die zu der englischen Pfeife eine so rassige Linie ergibt; und farbige Zephyrhemden mit weichem, von der Goldspange zusammengehaltenen Umklappkragen, tupfige, streifige Foulard-Matrosenknoten in lebhaften Tönen, tabakfarben, blau und grün und ungestärkte Doppelmanschetten mit Perlmuttknöpfen.

Und Madame bekennt sich gleichfalls zum Norfolk, wenn sie allerdings auch nicht die Hosen anhat, sondern den kurzen, aber sehr kurzen, knappen Rock, und Kragen und Aufschläge der Ärmel vielleicht durch Lederbesatz noch besonders betont. Auf die früher auch von den Frauen begünstigte Mütze verzichtet sie lieber und wählt den kleidsameren und auch gegen die ungefügen Griffe des Sturmgesellen schützenderen Schleier. Er wird, lang und breit, eine unendliche Melodie aus Chiffon illusionshaft um Kopf und Schultern gewunden und läßt die Geheimnisreize des Orients, der Tänzerin von Biskra und Kairouan vorausahnen.

* * *

Nun haben wir das wilde Schaukellied der Biscaya überstanden, in Meeresstille gleitet das Schiff, da werden sie wieder munter, und der l'heure bleue von Himmel und Meer zu Ehren legt das Paar nach der Mode den eigentlich einzig seegerechten blauen Dress an. Er, wenn er's sich leisten kann, die zweireihige Jacke mit den Klubknöpfen und der hohen bordierten Mütze mit dem Initial K Y C, dem Kaiserlichen Yachtklub-Zeichen, das ihn mindestens so stolz macht, wie den antiken Seefahrer sein Civis romanus sum.

Nun sind's nur noch ein paar Temperaturschritte und die weiße Hose und die weißen Schuhe mit den weißen gezwickelten Strümpfen werden gelüftet, und fügsam bekennt auch bei di sem Duett Madame Farbe in Cheviot oder Serge, zumal wenn sie Blondine ist.

Kreuzt man dann an afrikanischer Küste, dann ist es Zeit für die Pièce de resistance unseres Paares — nicht für Khaki, das bleibt wohl besser für Aegypten, für die Wüstentrips aufgespart — aber für Bastseide.

Und ein sehr reizvoller und schmucker Negligéestil für den Schiffsvormittag ist jetzt den Herren erlaubt. Er scheint dem Blusenstil der Dame nachempfunden und hängt gewiß auch eng mit dem Sport zusammen, vor allem mit dem Tennis. Man trägt die Basthose, knapp miederhaft auf Kontur gearbeitet, hinten ohne Schnalle und ohne die biedere Backentasche, umgürtet von schmalem Wildlederriemen und dazu bunte wachsseidene Hemden mit weichen Kragen und Manschetten und Brusttasche für das farbig gesäumte Tüchel oder noch pikanter, die porös transparenten Byssus-Hemden mit den breitumgeschlagenen, vorn offenen Matrosenkragen „die Brust zum Gefechte gelüftet".

Keine Jacke, keine Weste. Denn, so adrett, so komplett dieser Blusenstil wirkt, so salopp und halb angezogen wirkt — trotzdem er ein Stück mehr anhat — ein Herr in Weste (mit der falschen Rückseite) und Hemdsärmeln. Die verpönt Weste hat inzwischen Madame annektiert. Und bei ihr schaut es schon recht kapriziös aus, wenn sie die amüsanten, gefleckten, schattierten Gilets, wie sie z. B. die Wiener Werkstätten so phantasievoll wirken — übrigens immer mit der passenden Rückenfassade — zweireihig sich verjüngend oder einreihig mit langer Spitze, um die Büste spannt, und durch die Achsellöcher Battistärmel quellen.

* * *

Die dicken Herrenmützen sind in diesen Breiten verschwunden und die schon seit einigen Jahren geltende Festlandmode des sommerlichen Barhauptes regiert jetzt auch auf dem Wasser. Der Haarboden, er atmet in der reinen Salzluft. Die Sonne scheint über den Schädel der Gerechten, den — die Tugend bleibt stets unbelohnt — eine Platte ziert und der Ungerechten, die ihre Skalplocke auch im Kampf mit der Delila behielten.

Und wo sich eine kleine Lichtung zeigt: da hört man die Haare wieder wachsen.

Navigare necesse est . . .

Schwimmende Architektur.
Von Robert Breuer.

Der gewaltige Organismus eines modernen Dampfers ist nicht nur ein außerordentlich kompliziertes, zugleich ein kühnes und ungemein raffiniertes Ingenieurwerk; er ist auch ein Produkt der neuen architektonischen Gesinnung. Die Formgestaltung des Ozeandampfers hat eine ähnliche Entwicklung durchgemacht wie die der Lokomotive und der Eisenbahnwagen oder wie die des Autos. Die ersten Eisenbahnwagen unterschieden sich nicht wesentlich von den Postkutschen; und die ersten Lokomotiven sahen durch den weit herausragenden Schornstein und ihren allgemeinen Mangel an Geschlossenheit ungemein zerbrechlich und schwindsüchtig aus. Ganz ähnlich steht es um die Formgeschichte des Autos. Am Anfang sah solch ein Motorwagen seinen Vorläufern, den Kutschwagen, fatal ähnlich; mit Recht spottete man, daß den ersten Automobilen die Pferde davongelaufen schienen. Wiederum änderte sich die Form der Kraftwagen konsequent mit den Fortschritten der Technik; die Aufteilung der Maschinerie, die Unterbringung des Nährstoffes, die Sicherung des Gleichgewichtes bei der wachsenden Schnelligkeit, das alles, zunächst nur praktisch und technisch geregelt, brachte zugleich jenen Wagentyp, der rein optisch als ein Instrument der Schnelligkeit unsere Sinne erregt. Nach solchem Gesetz der Wechselseitigkeit zwischen der Technik, dem entscheidenden Innenleben, und der äußeren Gestalt, der Sichtbarmachung der inneren Natur, hat sich auch der Schiffstyp entwickelt. Auf dem Starnberger See schwimmt noch heute ein stattlicher Kasten, der akurat die Gestalt einer venezianischen Galeere aufweist; die Elbdampfer, die einen von Dresden nach Schandau bringen, zeigen die unbeholfene Form-

Gesellschaftshalle auf dem Lloyddampfer „George Washington".

losigkeit der Frühzeit. Sieht man dagegen die schlanke Elastizität eines modernen Torpedos oder die machtvolle Urkraft eines unserer Ozeanriesen, so erlebt man aus dem optischen Eindruck heraus das Ungeheuere solch eines Komplexes aus Kesseln und Röhren, Wellen und Rädern, aus Räumen, die Tausenden Aufenthalt geben können, aus Kräften, die spielend gigantische Widerstände zu überwinden vermögen.

charakterlos und wie schwächlich ist dagegen der Eindruck, den uns genug der große Salon der ersten Kajüte beschert. Wir stehen in der Spiegelgalerie eines französischen Schlosses, wie es etwa für einen der Ludwige gebaut worden ist; Säulen und Pilaster heben sich zu repräsentablen Höhen, schwere Kapitäle wälzen sich mit bombastischem Pathos, eine Kassettendecke, wie man sie pompöser noch nirgends getroffen, senkt sich auf all die überspannte Feierlichkeit, die aus den Seidentapeten der Wandungen, aus dem vergoldeten Holz der tänzelnden Möbel und aus dem Geglitzer eines zerbrechlichen Kronleuchters zusammenströmt. Die Dissonanz zwischen solchen Erinnerungen an eine längst vergangene Zeit und dem Gestampf der Kolben, unter dem der Schiffskörper dröhnt, ist unerträglich. Die Formgestaltung solch eines Salons widerspricht dem technischen Wesen des Schiffes; wir wehren uns gegen solche Verkleinerung des Großartigen, gegen solche Maskerade im Heiligtum der kalten Logik. Wir wissen, daß der Organismus des Ozeandampfers ein Geschöpf unserer Zeit ist; so verstehen wir nicht, wozu es gut sein soll, ihn, während wir seine Dienste annehmen, zu verleugnen. Wir wehren uns gegen die Kabinen im Stile des vierzehnten Ludwig, gegen den flämischen Rauchsalon und das Rokokoboudoir, gegen das türkische Bad und gegen die Säulen des Treppenhauses, die steinern und jenen des Forum romanum verwandt wirken sollen. Wir meinen, daß auch der Innenraum eines Dampfers der Welt des Schnellverkehrs, der widerstandslosen

Teil des Rauchsalons auf dem Lloyddampfer „George" Washington".

Man würde nun erwarten, daß dieses Gesetz der Wechselwirkung zwischen Technik und Form auch die Innengestaltung solch eines schwimmenden Kolosses bestimmen müßte. Das trifft auch zu auf alle Räume, die irgendwie den technischen Prozessen, den Maschinen, den Apparaten oder der Mannschaft Unterkunft und Wirkungsstätte gewähren. Geradezu dämonisch ist der eigentliche Maschinenraum anzusehen; vom Feuer durchloht und von den wilden Armen der Schwungräder zerwühlt. Wie seltsam, wie

Dynamik, der kühlen Rechnung und des geschmeidigen Willens zugehören sollte. Wir meinen, daß kein unüberbrückbarer Widerspruch klaffen dürfte zwischen dem optischen Eindruck des Schiffsinnern und den Vorstellungen der Phantasie, die sich gewaltig an den Leistungen des meerüberwindenden Schiffes entzünden. Darum: wenn die kluge Reform, die das Möbel der Gegenwart, die Wände, die Räume, von aller Verlogenheit der sogenannten historischen Stile, von allem zwecklosen Ornament und jedem überflüssigen Ballast befreite, irgendwo eine absolute Forderung ist, dann sicherlich in den Kajüten und Sälen unserer großen Dampfer. Im Innern solch eines Titanen hat weder die Renaissance noch der Barock irgend ein Lebensrecht; nur der Stil einer kultivierten Sachlichkeit, der zugleich die stärkste Versinnlichung des herrschenden Lebensrhythmus ist, darf sich hier entwirken. Gesund und reinlich, logisch und elastisch, wie das Schiff in seiner Ganzheit, muß auch die Raumgestaltung der Salons und der Kajüten sein. Es mangelt heute nicht mehr an Vorbildern solcher Art; man braucht nur des „George Washington" aus der Flotille des Lloyd zu gedenken, um zu wissen, daß jene Reife, die das Automobil, die Lokomotive und den D-Zugwagen formal bändigte und enthärte, auch über die Ozeandampfer kam. Glatte Wände; bequeme, ruhige, geschmeidige, der Reinheit der Seeluft und dem Takt der Maschinen verwandte Möbel; eine Raumstimmung, die nie vergessen macht, daß man von einem gewaltigen eisernen Gerüst umschlossen und von unwiderstehlichen Schrauben getrieben über den Ozean dahinfliegt.

Sport an Bord.
Von Arno Arndt.

Der Sport, der uns jetzt so beherrscht, daß wir ihn fast nirgends entbehren zu können glauben, hat sich im Laufe der letzten Jahre wohl auf jeden Winkel unserer Erdkugel ausgedehnt. Er ist ganz sicher heute wohl überall zu finden, wo es auch nur ein paar Menschen gibt, die irgendwie mit irgendeiner Art Kultur in Berührung gekommen sind. Aber er hat sich auch dort eingebürgert, wo man ihn nur vorübergehend pflegen kann, und wo er nebenbei auch dazu dient, angenehm die Zeit zu verkürzen. Kein Tag ohne einen Sport. — Reisen auf großen Ozeandampfern pflegen gewöhnlich länger als einen Tag zu dauern, und da das Programm eines Reisetages auf der See an Abwechslung nicht genug aufweisen kann, so hat man kurzerhand den Sport und was im weitesten Sinne dazu gehört, mit in das Programm aufgenommen, hat verschiedene seiner Zweige, so gut wie es eben gehen will, dem Bordleben angepaßt.

Natürlich sind dem Sport gewisse Beschränkungen auferlegt. Es ist ohne weiteres klar, daß man zum Beispiel Fußball oder Hockey in größerem Maße besser an Land betreibt. Und trotzdem auf einigen Dampfern hin und wieder etwas Tennis gespielt wird, so mangelt es doch selbst auf dem geräumigen Promenadendeck zuweilen an Platz, um so ohne weiteres das Kunstballspiel richtig ausführen zu können. Überhaupt sind jene Sportarten an Bord des Schiffes am besten dran, die zur Ausübung nur geringeren Raum bedürfen. Aus diesem Grunde ist das Geräteturnen auch am meisten eingeführt und alle größeren Dampfer haben wohl stets einen Raum, der für gymnastische Übungen vorbereitet ist. Dann aber sind selbst auf kleineren Passagierschiffen Reck und Barren zu finden und alle jenen schönen Geräte, die der Durchschnittseuropäer zunächst noch von seiner Turnstunde her kennt: Bock, Pferd, und ihre mehr oder weniger komplizierten Abarten, dann die Klettertaue und die Kletterstangen.

Das ganze Leben an Bord bringt es nun mit sich, daß aller Sport zunächst dem Unterhaltungsbedürfnis dient. Aus jedem Spiel lassen sich schließlich zehn andere konstruieren und dann ist jedes Holzstück, jede Kugel gut genug, um ein neues zu erfinden. Man hat es denn auch mit allem versucht, was irgendwie jemals an Land als Sportspiel Geltung hatte. Anhänger finden das Tauziehen und dann vor allem alle Spiele, die auf das Werfen verschiedener Gegenstände hinzielen, so etwa wie ein Scheibenschleudern nach verschiedenen festgelegten

Beim Shuffleboard-Spiel.

Punkten. Man versucht es sogar neuestens mit dem einfachen Kreiselspiel, das in einer weniger komplizierten Variante von Deutschlands Jugend auf Straßen und Plätzen gepflegt wird. — Kegelbahnen findet man an Bord dieses und jenes Dampfers, aber es kann vorkommen, daß die Kegel nicht erst auf den Stoß der rollenden Kugel zu warten brauchen, sondern durch eine „rollende See" vorher dasselbe Schicksal erreichen. Überhaupt sind alle Kegelspiele an Bord beliebt. Nach dieser Richtung hin ist auch der Schießsport zu erwähnen, der ja auch genügende Varianten aufweist: Pfeile- und Ballschleudern nach Stroh- oder Netzscheiben, Schießen mit Armbrüsten oder Luftbüchsen, und dann ist auch hier und da ein eifriger Jäger zu finden, der auf das Wild des Meeres seine gewöhnlich recht ergebnislose Jagd anstellt. An Bord mancher Schiffe ist sogar daraus eine kleine Gewohnheit geworden. Gewöhnlich ging dieses Schießen auf Fische von den Matrosen aus, die das dort, wo keine allzu große Disziplin zu herrschen pflegt, zur willkommenen Abwechslung übten. Nun, es gehört Ausdauer dazu und eine ganze Menge Patronen, die man zum Teil recht nutzlos in das Wasser schickt. Hin und wieder kommt doch ein Treffer, aber die Beute ist dahin, versinkt in den sprudelnden Gischt des vorwärtseilenden Schiffes. Größeren Nutzen bringt dann schließlich schon das vereinzelt geübte Angeln mit großen eisernen Haken, an denen ein Stück Fleisch aufgespießt ist. Da soll es denn vorkommen, daß von den größeren Meerbewohnern, die oft in großen Scharen dem Schiff folgen, einer gefangen wird. Das alles ist Spiel, und hat eigentlich mit dem Sport, wie wir ihn auf sicherem Boden kennen, wenig zu tun. Aber dieses Spiel macht den eigentlichen Sportbetrieb an Bord aus. Er dehnt sich noch nach anderen Richtungen hinüber, wenn man allerlei körperliche Künste dabei gelten läßt, wie das amüsante Sackspringen, oder Balanzieren auf dem Schwebebaum und vieles andere. Die Sportspiele sind auch an Bord der größten Dampfer zu einer ständigen Einrichtung geworden, doch legt man dabei den Hauptwert auf das Spiel an sich. Öfters hat man es auch versucht, mit Laufen über kürzere Strecken und Springen, Stabhochspringen und -weitspringen, Interesse zu erregen. Aber der Liebhaberkreis, der sich an Bord der eleganten Passagierdampfer dafür fand, ist nicht sonderlich groß gewesen. Das mag daher rühren, daß all diese Sportbetätigung ja unter den Augen einer recht großen Zuschauerschaft vor sich geht, und daß es eben nicht jedermanns Sache ist, durch eine Ungeschicklichkeit eine ganze Korona zum Lachen zu reizen.

Sport an Bord.

Heute ist der Sport an Bord nicht allein ein Mittel, um die Zeit totzuschlagen, man kann ihn ruhig auf tiefere Gründe zurückführen. Die frische anregende Seeluft drängt zu einer körperlichen Betätigung an Deck, welcher Art sie auch sei, sie wird ihren Zweck nicht verfehlen, das Wohlbefinden zu stärken. Auch sagt man, daß diese körperliche Bewegung, wenn sie verständig und hingebungsvoll ausgeführt und nicht übertrieben wird, die Seekrankheit verhindert, was schon an und für sich recht nützlich ist. Man sollte dieses Gebiet, das in unserem Reisezeitalter schließlich jeden interessiert, noch weiter ausbauen und vielleicht läßt sich aus dem Vielen, was wir auf sportlichem Gebiet gelernt haben, ein neuer, eigener Sportzweig für den Gebrauch auf Seereisen herausfinden.

Liegestuhl-Flirt.

Von Gustav Hochstetter.

Frau Stephanie Fuller aus Newyork und ich — wir haben zwei Tage lang mit einander geflirtet. Ohne daß wir ein einziges Wort mit einander gesprochen haben.

Ich werde noch jahrelang an diese köstlichen Stunden zurückdenken....

* * *

Frau Stephanie Fuller war die erste Dame, die ich erblickte, als mein Tender sich vor Plymouth dem Lloyddampfer näherte; damals wußte ich noch nicht, daß sie Frau Fuller hieß, ich sah nur, daß ein dunkelgetöntes Püppchen (schwarze Haare, schwarze Augen, schwarze Wimpern, zartbernsteingelber Teint) ganz in weiche weiße Seide gestrickt war: weißer Jackenmantel, weiße Handschuhe, weißer Shawl; riesige, kokette, weiße Mütze.

Ich wollte von Plymouth nach Bremen.
Sie kam schon von Newyork.
Man hat als „Passant" immer ein bißchen mehr Respekt vor den „ständigen Hotelgästen". Genau das gleiche Gefühl bringt der Plymouth-Bremen-Tourist dem Amerika-Europa-Reisenden entgegen.

Aber sie — sie nahm mich für voll. Wenn sie in ihrem Liegestuhl ruhte und meine Promenade mich an ihr vorüberführte, dann kam ihr Blick mir schon auf ein paar Meter entgegen ... er begleitete mich beim Vorbeischreiten ... er folgte mir, wenn ich vorüber war. Einmal probierte ich's aus: ich machte — als ich vorüber war — nach zehn Schritten mit einer plötzlichen Bewegung kehrt.... da wurde sie rot und wußte nicht, was sie mit ihren Augen anfangen sollte, deren Strahl noch an mir hing. Das war das einzige Mal, daß ich sie verlegen sah. Wenn's nicht so reizend ausgesehen hätte — meine Roheit hätte mir leid getan. ...

Wie wir uns für einander interessierten!

Sie sich für mich, ich mich für sie!

Ich führte mit dem Deck-Steward eine lange Unterhaltung, bis er es so arrangierte, daß mein Liegestuhl neben dem von Mistreß Fuller stand.

Und sie?

Von ihr berichtete mir der Speisesaal-Steward: sie hatte bisher ihren festen Platz an einem großen, runden Tisch gehabt, inmitten einer vielköpfigen Gesellschaft, die vorhin in Plymouth an Land gegangen war; Mistreß Fuller wollte nicht einsam an dem großen, runden Tisch bleiben; sie hatte gefragt, unter welchen freigewordenen, kleineren Tischen sie sich einen auswählen könne. Und sie wählte? Den kleinen Tisch, der meinem kleinen Tisch zunächst stand ...

Sie setzte sich so, daß sie — mein Gegenüber war ... Sie wartete, bis ich gewählt hatte und bestellte dann bei ihrem Steward die gleichen Gerichte, die mir meiner gebracht hatte.

Woher ich weiß, wie sie hieß?

Am oberen Rande der Liegestühle ist eine sinnreiche Vorrichtung angebracht: ein kleiner Rahmen; in den hinein schiebt der fürsorgliche Deck-Steward ein Kärtchen mit dem Namen des Passagiers, der für die Dauer der Reise den Stuhl gepachtet hat. Wenn der bequeme Sitz leersteht, genügt ein unauffälliger Blick ... man ist orientiert. Mistreß Fuller wußte meinen Namen, das sah ich ihr an den Augen an — seit der Stunde, da der Steward meine Karte eingerahmt hatte; und ich wußte den ihrigen schon eine Stunde vorher.

Wir sprachen kein Wort miteinander.

Das Wetter war gut ... wir lagen, schauten auf die sanfte Bläue der Nordsee hinaus ... minutenlang ... und dann sah ich einen Augenblick zu meiner Nachbarin hin ... sie einen Augenblick zu mir herüber ... kein Wort trübte unsere Stimmung ...

Zu jeder Mahlzeit trug Frau Stephanie Fuller ein anderes Kleid, zu jeder Promenade einen anderen Mantel, einen anderen Hut. Wir blieben ja nur zwei Tage zusammen, eigentlich sogar nur anderthalb Tage — und sie mußte mir doch recht viel zeigen von den herrlichen Dingen, die sie mit sich führte.

Manchmal sprach jemand sie an. Jemand, der sie von Newyork her kannte, oder von der Fahrt: sie fertigte jeden so kurz wie möglich ab. Und nachher schaute sie fast d mütig zu mir herüber, als ob sie sagen wollte: „Mein Herr, entschuldigen Sie die kleine Störung, wir können jetzt fortfahren ... in unserem stummen Geplauder".

Wenn Mistreß Fuller zur Mahlzeit sich umgezogen hatte ... wenn ich sie dann betrachtete ... und sie den Blick erwiderte ... da haben wir — wortlos — manchmal zu einander gesagt: „Finden Sie mich interessant? ... Ich Sie auch!"

Wortlos ...

Aus den kurzen Gesprächen, die sie mit anderen Reisenden führte, wußte ich, daß sie in Bremerhaven von ihrer Mutter erwartet wurde. Oder von ihrer Schwiegermutter. So genau hörte ich nicht hin. Ich wußte nur: von Bremerhaven ab würde sie nicht mehr mir gehören ...

Durchs ganze Schiff schritt ich, um unter all den vielen Kabinen die ihrige herauszufinden. Als ich endlich das schwarze Kabinentürschildchen mit der weißen Namensaufschrift entdeckt hatte, schritt ich stolz und glücklich nach meiner eigenen Kabine zurück. Und wie ich eben im Korridor ums letzte Eckchen bog, huschte von meiner Kabinentür weg etwas Graziöses, Schlankes, Neugieriges ...

Es machte mir Vergnügen, unter den großen Koffern, die, zu dicken Mauern geschichtet, das Promenade-Deck vom Zwischendeck trennten, mit den Augen die Gepäckstücke herauszusuchen, die den Namen meiner Angeflirteten als Aufschrift trugen. Glücklicherweise verlangt der Norddeutsche Lloyd ja von seinen Passagieren so deutliche Aufschriften! Und ich freute mich, daß ihre Koffer so groß waren, so prächtig und so wohl gepflegt.

Nur ein Viertelstündchen.

Hinter den friesischen Inseln brachte ein winziger Tender den Lotsen an Bord. Mistreß Fuller und ich, wir lagen, jeder in seinem Stuhl. Wir wußten beide, daß die nächste Stunde unsere Trennung bringen mußte. Und als es so weit war, sagte ihr Blick mir Lebewohl, meiner dankte und wünschte ihr alles Gute.

Die Landung verzögerte sich.

Zum zweiten Mal, zum dritten Mal wiederholte sich unser wortloses Abschiedsgespräch . .

Was hätten wir uns sagen sollen?

Etwa uns einander vorstellen?

Das wäre Lüge gewesen. Wir wußten ja unsere Namen; wir wußten noch viel mehr von einander.

Aus ihren Gesprächen wußte ich, daß sie verheiratet war.

Mein Trauring hatte ihr ein gleiches erzählt.

Die Landungstreppe rollte und quietschte.

Mistreß Fuller lag in den Armen einer dicken Dame. Ich glaube, es war doch die Schwiegermutter . . .

Der Sonderzug brachte uns nach Bremen. Meine schöne Reisegefährtin fuhr nach Westen weiter, ich nach Süden. Ich sah sie in ihren Zug steigen.

Sie sah mich.

Und ihr Blick sagte:

„Ich danke Ihnen. Es war so schön".

Aegyptische Reise.
Von Fürstin Mechtild Lichnowsky*).

Ich suche immer das Ägypten meiner Kindheit, das schöner als alle Märchen noch heute meine Phantasie gefangen hält. Ich bin hierher gereist, weil ich endlich sehen wollte, ob ich auch alles finden werde, wie es sein muß. —

Das also ist der Nil! Er und der Guadalquivir waren die Flüsse meiner Kinderphantasie gewesen. Für die Liebe der Guadalquivir, für phantastische Erzählungen aus fernen Landen und Zeiten — er — der Nil. Da geht er, streift mich fast, lautlos, und eiliger als man glaubt. Löwen haben von ihm getrunken, vorsichtig, niedergedrückt sich ihm nähernd. Gazellenmünder, kaum eingetaucht, haben von ihm geschlürft. Leise gurgelnd ist er über Krokodile hinüber geglitten, vom Nilpferd weiß er alles.

Möwen folgen dem Schiff.

Er hat sich ohne Widerrede zivilisieren lassen und spielt heute mehr denn je die Vaterrolle.

Er hat sich sein langes Leben sehr verschiedentlich eingeteilt. Aber niemals gibt er die heimatliche grüne Farbe seiner Seen auf. Ob er der Sonne seine Fläche träg entgegendreht — oder sich durch enge Schluchten, fast mit Meerestiefe hindurchzwängt — sein Grün ist immer trüb verschleiert, fast lehmig gefärbt. Er läßt sich nicht gern interviewen. Er trägt Geheimnisse, die noch niemand ihm entrissen hat — aber wieviel Wundergaben hat er schon seinen Kindern mitgebracht: Land schenkt er ihnen und Baumaterial, und er begießt auch noch das Erdreich, das er brachte.

* * *

In Kairo dominieren nebeneinander und abwechselnd der Islam, die europäische Unterhaltungssucht und eine bestimmte Art europäischen Verfalls. — —

Einige Straßen sind an sich schon bezaubernd durch die Architektur ihrer Häuser und die lustigen Windungen; herrlich ist manche Moschee von außen, oder ein Straßenende, an dem ein graues Minarett wie ein Ausrufzeichen steht, und die holzvergitterten Haremsfenster, die der männliche Fremde mit Stolz auf arabisch zu benennen weiß, und bei welchen er sich Rehaugen und weißbusige Orientalinnen vorstellt. Die vorübergehenden Einheimischen, wenn es nicht kleine Türken mit rotem Fez, Knopfstiefeln und englischen Anzügen sind, mit zu hellen Westen, tragen natürlich wunderbar fallende Gewänder. Das schönste ist die Halshaltung der Männer; gertenschlank sind die Hüften, unerwartet breit die Schultern und flach wie ein Schrank der Rücken, und die Falten fließen kerzengerade daran herunter, während ein feingerundeter Hals sich zwischen Mantel und Turban in freier, zierlich gestreckter Haltung zeigt, — keine Querfalten, keine Fettwülste, keine Kropfansätze verunzieren diese Hälse, die den Rumpf mit dem turbangekrönten Haupt verbinden, wie eine Säule das Dach des Tempels trägt. Die Mäntel zeigen schöne Tabak- oder violette Töne, oder sie sind aus feinfädigem, ewig haltbarem schwarzen Kaschmir. — — —

---

*) Fragmente aus dem bei Ernst Rowohlt, Leipzig erschienenen Buche „Götter, Könige und Tiere in Ägypten".

Die Hotels von Kairo sind eines so gut wie das andere. In der Halle, wo siebenzüngige Portiere wie Ptah und Amon thronen, fällt mir eine Verdoppelung alles Personals auf. Zwei Türöffner in theatralischen Gewändern, vier Direktoren, vier Liftboys, ein Dutzend Schwarzer und ebensoviele Dragomans lungern da herum. Im Speisesaal gibt es nur neunstellige Menus, ein Heer von deutschen Kellnern und arabischen, weißgekleideten Jünglingen, die nur gebähtes Brot bringen dürfen, sonst werden sie von den Kellnern mit bösen

Pyramide nimmt mir drei Himmelsrichtungen weg, so unermeßlich lang erscheint eine Seite. Die Quader, die über einen Kubikmeter groß sind, liegen übereinander getürmt wie Felsenriffe am Meer; und ich muß meinen Kopf weit in den Nacken beugen, um die Spitze sehen zu können. — Menschenweh und Menschenmacht. —

Eine einzige Stelle an den Pyramiden gibt Ruhe: ganz oben, die letzte Plattform.

Stehe ich unten, so wird mein Blick mit wirbelnder Wucht nach oben gerissen; hier an-

Die Sphinx.

Augen gestraft. Der europäische Diener sieht mit Verachtung auf den arabischen herab, der um ein Bedeutendes natürlicher seinen Dienst verrichtet, als z. B. der übertrieben eifrige, zu familiäre deutsche. — —

* * *

Heute fahren wir zum größten Friedhof der Welt. An den Pyramiden von Gîze, wohin uns das Auto brachte, erwarten uns Esel.

Wir wollen nicht zu lange an den Pyramiden und beim Sphinx verweilen; wir sind, wie unser Begleiter sagt, heute nicht zum Vergnügen hier. Aber ich muß es wiederholen, der Montblanc ist nichts, überhaupt ist nichts etwas. — Wenn ich ganz nah hintret , hab ich die Empfindung, die

gelangt, fällt er, sich in zwei Richtungen teilend, und umspannt, herabgleitend abwechselnd an den beiden Endpunkten die ungeahnte Breite der Basis.

Die Sonne ist schon wieder in der Unterwelt, der Himmel leuchtet ganz allein, grün aus der Mitte, gelb an dem Rande, und die Pyramiden, drei große wunde Pyramiden, halten sich ebenso an ewige Gesetze — sie werden, von unten anfangend, kalt, und zum tausend-tausendsten Male umkost der Abendwind ihre noch heißen Gipfel, die tagsüber eine selten umwölkte Sonne anstarren.

Leer stehen sie heute da, aber dennoch erfüllt von den Namen der drei Könige, und jede scheint ihres Königs besonderes Gesicht zu tragen — Cheops, Chefren (Dich, Chefren, grüße ich wieder!) Mykerinos aus der IV. Dynastie.

Vorzüge des Seeklimas.

Von Dr. W. König vom Kgl. meteorolog. Institut, Berlin.

Die günstige Wirkung, die ein Aufenthalt auf See auf den menschlichen Organismus ausübt, ist großenteils der Beschaffenheit der Luft über dem Meere zuzuschreiben. Der Hauptvorzug der Seeluft ist ihre sogenannte Reinheit, d. h. das Fehlen aller möglichen schwebenden Beimengungen, welche die Luft auf dem Lande, namentlich in und bei größeren menschlichen Siedelungen, verunreinigen. Staubteilchen und Bakterien, die über dem Lande in ganz gewaltiger Anzahl in der Luft enthalten sind, finden sich über dem Meere nur noch da in größeren Mengen, wo Winde aus dem Lande hinwehen, sie verschwinden demgegenüber auf hoher See nahezu ganz. Auf der anderen Seite stehen diesen fehlenden schädlichen Beimengungen dafür solche von wohltätigem Einfluß in der Seeluft gegenüber, nämlich die als Rückstände von zerspritzten und verdampften Wassertropfen in ihr schwebenden Salzteilchen, sowie Spuren von Jod. Wenn derart allein schon die Beschaffenheit der Luft über dem Meere wegen ihrer Reinheit von schädlichen und infolge ihres Gehaltes an nützlichen Beimengungen ihre entschiedenen Vorzüge hat, so ist obendrein das Verhalten der klimatischen Elemente, besonders der Lufttemperatur, der Luftfeuchtigkeit und des Windes durchaus dazu angetan, einen längeren Aufenthalt auf See in vielen Fällen vorteilhaft erscheinen zu lassen.

Bei einem Vergleich der Temperaturverhältnisse, wie sie in der Luft über dem Meere und über dem Lande herrschen, fällt sofort auf, daß die an beiden Stellen vorkommenden Schwankungen von sehr verschiedener Größe sind Einige aus vieljährigen Beobachtungen gewonnene durchschnittliche Zahlenwerte mögen diese Verhältnisse etwas beleuchten: wir finden im reinsten Landklima, nämlich im inneren

Schwere See.

Sibirien, einen Unterschied zwischen wärmstem und kältestem Monat von 40 Celsiusgraden und mehr, bei uns in Deutschland, in einem Übergangsgebiet vom Land- zum Seeklima, einen entsprechenden Unterschied von rund 20 Grad, dagegen geht diese „mittlere jährliche Wärmeschwankung" mitten auf dem nordatlantischen Ozean beträchtlich unter 10 Grad herab. Ganz ähnlich verhält es sich mit der täglichen Schwankung der Lufttemperatur, d. h. dem Unterschied zwischen höchstem und niedrigstem Tageswert: er beträgt an Orten des Landinnern durchschnittlich 10 bis 20 Grad, auf dem freien Ozean nur 1 bis 2 Grad. Suchen wir also möglichst gleichmäßige Temperaturverhältnisse zwischen Tag und Nacht, so ist die Seereise der sicherste Ausweg, und sie ist es in gleicher Weise, wenn wir dem heißen Sommer oder dem kalten Winter des Landinnern entgehen wollen. Es mag noch hervorgehoben werden daß hinwiederum das offene Meer diese Temperaturverhältnisse in viel ausgeprägterem Maße als die Küstengegenden zeigt, die zwar für gewöhnlich schon viele Züge des reinen Seeklimas aufweisen. Wehen jedoch an der Küste Winde aus dem Landinnern heraus, so wird bisweilen der mäßigende Einfluß des nahen Meeres doch gänzlich aufgehoben.

Eine ganz besondere Rolle spielen nun vom hygienischen Standpunkt aus die plötzlichen Temperaturänderungen, vor allem schnelle Abkühlungen. Während auch bei uns in Mitteleuropa in diesen Temperaturänderungen von Tag zu Tag noch Beträge von 10–12 Grad vorkommen, sinken auf dem offenen Weltmeere selbst die Höchstwerte dieser Art auf etwa 5 bis 7 Grad herab. Ganz entsprechend den genannten oberen Grenzen nehmen natürlich die mittleren Werte solcher schnellen Temperaturveränderungen vom Landinnern zur See hin ihrer Größe nach ab und desgleichen die Häufigkeiten des Vorkommens einer Änderung von bestimmtem Betrage, so daß die Wahrscheinlichkeit eines plötzlichen nennenswerten Kälteeinbruchs auf dem Meere äußerst gering ist. Beispielsweise kommen im Durchschnitt vieler Jahre Schwankungen der Temperatur von Tag zu Tag um mindestens 4 Grad im zentralen Asien an mehr als 100 Tagen im Jahre, im östlichen Deutschland an rund 50, im Nordseegebiet und in Westdeutschland noch an etwa 20 bis 30 Tagen im Jahre vor, werden aber über dem offenen Meere schon ganz selten. Die letzten Angaben stellen wohl am besten die große Gleichmäßigkeit des reinen Seeklimas und seine Bedeutung für hygienische Zwecke in das rechte Licht und in Gegensatz zu den Zuständen über dem Lande.

Werfen wir noch einen Blick auf die Windverhältnisse, so müssen wir über dem Meere im allgemeinen eine größere Windstärke konstatieren wie über dem Lande, weil die Reibung der bewegten Luft an der relativ glatten Wasseroberfläche bedeutend geringer ist, als an den zahlreichen Unebenheiten der festen Erdoberfläche. Freilich steigert sich deshalb bekanntlich die Windstärke auf See öfters zu unliebsamen Stürmen, von diesen Ausnahmen abgesehen aber hat die frische Brise auf See in vielen Fällen ihre großen Vorzüge wegen ihrer „frottierenden" und belebenden Wirkung. Da eine stärkere Luftbewegung höhere Temperaturen leichter ertragen läßt, kann eine der Erholung dienende Seefahrt im Gebiet der regelmäßig wehenden Passatwinde auch unbedenklich bis in ziemlich niedrige geographische Breiten ausgedehnt werden. Die Richtung des Windes spielt auf dem offenen Meere, wo auf weite Entfernungen gleichartige meteorologische Zustände herrschen, naturgemäß eine weit geringere Rolle als noch an der Küste, wo, wie bereits bemerkt, ablandige Winde die Seeeinflüsse fast vollständig zunichte machen können.

So ließe sich die Aufzählung von Vorzügen des Seeklimas im Gegensatz zum Landklima noch fortsetzen, im Vordergrund steht jedoch neben der Luftbeschaffenheit entschieden die in wenigen Hauptzügen gekennzeichnete große Gleichmäßigkeit der klimatischen Verhältnisse auf dem offenen Meere, die für therapeutische Zwecke in vieler Hinsicht von ganz wesentlicher Bedeutung ist. Die Entscheidung der Frage, ob zur Beseitigung gegebener Krankheitserscheinungen nun gerade das Seeklima das richtige ist, muß natürlich durchaus dem Arzt überlassen werden.

Schiffseindrücke.
Äußerungen von Lloydpassagieren.

Großadmiral von Köster:

Nach glücklicher Vollendung der Finnlandfahrt mit dem Norddeutschen Lloyd drängt es mich, im Namen des Deutschen Flottenvereins meinen herzlichen Dank für die mustergültige Durchführung derselben auszusprechen. Die Sauberkeit und Ordnung des Schiffes, die Tüchtigkeit und Disziplin seiner Bemannung sowie die sorgfältige und gute Verpflegung waren des höchsten Lobes würdig. Auch dem trefflichen Offizierkorps, das über das Maß dienstlicher Pflicht hinaus sich in hingebendster Weise dem Gelingen der Reise widmete, gilt die Dankbarkeit des Vereins, vor allem aber dem ausgezeichneten Führer des Schiffes, der unter mehrfach sehr schwierigen navigatorischen Umständen hervorragende Ruhe, Sicherheit und fachmännisches Können bewies. Der Norddeutsche Lloyd hat durch diese ausgezeichnete Leistung, die unseren Mitgliedern eine wesentliche Erweiterung ihres Gesichtskreises ermöglichte, sich ein großes Verdienst um den Flottenverein erworben.

Dr. Hanns Heintz Ewers in „Indien und Ich":

In Deutschland bin ich ein armer Poet, um den sich keine Katze bekümmert; zu Hause ist man sehr froh, wenn Köchin und Stubenmädchen mit einem zufrieden sind, behilft sich mit einer sogenannten Etage, die die Berliner allen Ernstes „Wohnung" nennen ...... aber nach einer paarwöchentlichen Mastkur auf dem Dampfer — der Norddeutsche Lloyd hält es für seine Ehrenpflicht, Indienreisende tüchtig heranzumästen — ist man würdig vorbereitet, in dem Kaiserreich der Ganga ein großer Sahib, ein sehr vornehmer Herr zu sein.

Sonnenuntergang.

Admiral Peary:

Just a line to thank you, and through you the Norddeutscher Lloyd, for your courtesy in connection with our Egyptian trip.

Our cabins on the Luitpold were very comfortable, and the voyage has been a pleasant one. Captain Raegener has done what he could to make it agreeable for us.

Pastor von Bodelschwingh: Es ist mir ein persönliches Bedürfnis, zum Ausdruck zu bringen, daß ich (und gewiß ebensoviele andere Mitglieder der ersten evangelischen Sonderfahrt nach Palästina) erfüllt bin von der zuverlässigen, höflichen und dienstbereiten Haltung des Personals auf allen drei Schiffen des Norddeutschen Lloyd, mit denen ich zu fahren Gelegenheit hatte. Ich habe beobachtet, wie die Mannschaft und speziell die Kellner sich auch in schwierigen Situationen taktvoll und sicher benahmen und, was mir besondere Freude machte, Ausländern gegenüber zuvorkommend und fein auftreten. Wenn man, wie ich, als Leiter einer großen Anstalt — wir arbeiten in Bremen mit 150 Diakonissen — weiß, wie viel Ansprüche an die Leistungskraft von Menschen gestellt werden, so erweckt eine so gut organisierte und so gut arbeitende Besatzung eine freudige Bewunderung, umsomehr, als es sicher ist, daß in vielen Fällen nicht Rücksicht auf Trinkgelder usw., sondern gute Erziehung und Pflichtgefühl das leitende Motiv sind.

Arthur Kahane, Dramaturg am „Deutschen Theater", Berlin:

Unser Dampfer gehörte dem Norddeutschen Lloyd und hieß „Kleist". Wohl nach irgendeinem bedeutenden General. Für uns aber existierte der nicht, und wir machten in dem Kleistjahr unseren geliebten Dichter zum Namenspatron unseres Schiffes und hatten es drum noch lieber.

Unser Schiff! Da fing das Wunder an, und das blieb das größte Wunder von allen. So schön, so groß, so sauber und blank! Vielleicht ist Wunder nichts als Multiplikation mit Tausend. Und das stimmte hier. Hier war alles tausendmal sauberer und blanker als überall sonst und wurde tausendmal mehr geputzt und gescheuert; und gab tausendmal mehr Verstecke und tausend lustige Winkel, und alle Tage entdeckte man neue. Und zu essen gab es tausendmal mehr als sonst, und es schmeckte auch tausendmal besser, ganz wie im Schlaraffenland. Und wenn es Lärm gab, beim Einladen und Ausladen, mit tausend lustigen Maschinen, denen man viele Stunden unermüdet zusah, dann war es tausendmal lauter als jeder andere Lärm, und wenn die Nacht still war, war sie tausendmal stiller und heiliger als überall.

Herr J. E. Palmer, Commander U. S. Navy:

I beg to inform you that my wife and I have arrived safely at Hongkong on our trip Around the World from London to New York, and I would like to let you know that we have had most comfortable and delightful trips on your steamers the „Goeben" from Southampton to Port Said, Nov. 8th to 22nd, „Bülow" Port Said to Colombo Dec. 7th to 18th and the „Prinz Eitel Friedrich" Colombo to Hongkong Jan. 15th to Jan. 26th.

I Cannot speak too highly in my prais of the excellent service and appointments in every particular of these ships. The officers and personnel did everything in their power for our enjoyment and pleasure and I will always look back an my voyage as the most delightful „going to sea" I have ever done."

Schriftsteller Dr. Emil Faktor, Berlin:

Man ist Angehöriger einer Lebensgemeinschaft, welche „Prinz Ludwig" heißt, man wird dreimal täglich heiter-melancholisch von der Schiffstrompete gerufen, und die Regelmäßigkeit verrichtet ihre heimlichen Wohltaten. Der Rhythmus wohlgesinnter und bekömmlicher Vorgänge teilt sich dem ganzen Organismus mit. Doch man erinnert sich, daß sich das Leben in einem Seebade oder in einem einsamen Gebirgshotel ähnlich abspielt.

Und doch wie anders auf dem Schiff. Hier fühlt man sich nicht so sehr bedient und von affiger Freundlichkeit abgefertigt, als gefördert, umhegt und behandelt. Man ist nicht Gast und Reisender, man ist Hausgenosse. Das Leben auf einer Burg bei aufgezogener Zugbrücke mochte diesem Zustande sicherer Abgeschlossenheit irgendwie verwandt sein. Das Schiff fliegt wie ein Engel und scheint doch stille zu stehen. Es wandert rastlos und ist doch bei aller Hast unbeweglich wie die Erdkugel selber...... Und ich weiß jetzt, daß ich auf dem Schiffe sehr glücklich war.

Lloydreisen.

Offizielle Mitteilungen des Norddeutschen Lloyd, Bremen.

A. Vergnügungsfahrten zur See 1914.

I. Mittelmeerfahrt mit D. „Schleswig" (Tel.-Wort: „Adria")
Abfahrt von Venedig: 21. April 1914 } Reisedauer: 14 Tage.
Ankunft in Genua: 5. Mai 1914
Anlaufhäfen: Venedig — Gravosa (Ragusa) — Cattaro (Cetinje) — Korfu — Malta — Syracus — Taormina — Messina — Palermo — Neapel (Pompeji) — Capri — Genua.
Fahrpreise von M 350.— aufwärts. Landausflüge: M 125.—.

II. Mittelmeerfahrt mit D. „Schleswig" (Tel.-Wort: „Mittelmeer")
Abfahrt von Genua: 12. Mai 1914 } Reisedauer: 23 Tage.
Ankunft in Bremen: 3. Juni 1914
Anlaufhäfen: Genua — Barcelona — Palma de Mallorca (Soller, Miramar) — Malaga (Granada) — Tanger — Funchal (Madeira) — Lissabon (Cintra) — Villa Garcia (Santiago de Compostela) — Ryde (Isle of Wight) — Rotterdam (Scheveningen, Haag) — Bremerhaven.
Fahrpreise von M 550.— aufwärts. Landausflüge: M 250.—.

III. Mittelmeerfahrt mit D. „Schleswig" (Tel.-Wort: „Herbstfahrt")
Abfahrt von Bremen: 30. August 1914 } Reisedauer: 25 Tage.
Ankunft in Genua 23. September 1914
Anlaufhäfen: Bremerhaven — Zeebrügge (Ostende, Brügge) — Ryde (Isle of Wight) — San Sebastian (Biarritz) — Lissabon (Cintra) — Funchal (Madeira) — Tanger — Gibraltar — Malaga (Granada) — Barcelona — Monaco (Monte Carlo, Mentone, Nizza) — Genua.
Fahrpreise von M 550.— aufwärts. Landausflüge: M 250.—.

I. Norwegenfahrt mit D. „Schleswig" (Tel.-Wort: „Erste Nordfahrt")
Abfahrt von Bremen: 13. Juni 1914 } Reisedauer: 17 Tage
Ankunft in Kiel: 30. Juni 1914
Anlaufhäfen: Bremerhaven — Odde — Loen — Oie — Hellesylt — Merok — Aalesund — Drontheim — Naes (Horgheim) — Molde — Balholmen — Vangsnaes (Frithjof-Statue) — Gudvangen (Stalheim) — Bergen — Kristiania — Kopenhagen — Kiel.
Fahrpreise von M 350.— aufwärts. Landausflüge: M 100.—.

II. Norwegenfahrt mit D. „Schleswig" (Tel.-Wort: Zweite Nordfahrt")
Abfahrt von Kiel: 4. Juli 1914 } Reisedauer: 17 Tage.
Ankunft in Bremen: 21. Juli 1914
Anlaufhäfen: Kiel — Kopenhagen — Kristiania — Odde — Loen — Oie — Hellesylt — Merok — Aalesund — Drontheim — Naes (Horgheim) — Molde — Balholmen — Vangsnaes (Frithjof-Statue) — Gudvangen (Stalheim) — Bergen — Bremerhaven.
Fahrpreise von M 350.— aufwärts. Landausflüge: M 100.—.

III. Norwegenfahrt mit D. „Schleswig" (Tel.-Wort: „Dritte Nordfahrt")
Abfahrt von Bremen: 24. Juli 1914 } Reisedauer: 14 Tage.
Ankunft in Bremen: 7. Aug. 1914
Anlaufhäfen: Bremerhaven — Odde — Loen — Oie — Hellesylt — Merok — Aalesund — Drontheim — Naes (Horgheim) — Molde — Balholmen — Vangsnaes (Frithjof-Statue) — Gudvangen (Stalheim) — Bergen — Bremerhaven.
Fahrpreise von M 300.— aufwärts. Landausflüge: M 70.—.

Einzelheiten durch den Prospekt „Lloydreisen 1914" und die illustrierten Broschüren „Mittelmeerfahrten 1914", „Nordlandfahrten 1914", die kostenlos abgegeben werden.

IV. **Norwegenfahrt** mit D. „Schleswig" (Tel.-Wort: „Vierte Nordfahrt")
Abfahrt von Bremen: 11. August 1914 } Reisedauer: 14 Tage.
Ankunft in Bremen: 25. August 1914
Anlaufhäfen: Bremerhaven—Odde—Loen—Oie—Hellesylt—Merok—Aalesund—Drontheim—Naes (Horgheim)—Molde—Balholmen—Vangsnaes (Frithjof-Statue)—Gudvangen (Stalheim)—Bergen—Bremerhaven.
Fahrpreise von M 300.— aufwärts. Landausflüge: M 70.—.

Polarfahrt mit D. „Prinz Friedrich Wilhelm" (Tel.-Wort: „Polarfahrt")
Abfahrt von Bremen: 18. Juli 1914 } Reisedauer: 29 Tage.
Ankunft in Bremen: 15. Aug. 1914
Anlaufhäfen: Bremerhaven—Boulogne s/m.—Leith (Edinburgh, Tour durchs schottische Hochland)—Kirkwall (Orkney-Inseln)—Reykjavik (Island)—Spitzbergen (Magdalenabay—Packeisgrenze—Redbay—Virgohafen—Smeerenberg—Crossbay—Moellerbay—Lilliehookbay—Kingsbay)—Nordkap—Hammerfest—Lyngseidet—Tromsoe—Digermulen (Lofoten)—Molde—Merok—Vangsnaes (Frithjof-Statue)—Balholmen—Gudvangen (Stalheim)—Bergen—Bremerhaven.
Fahrpreise von M 550.— aufwärts. Landausflüge: M 120.—.

B. Kurze Seereisen

mit den Ozeandampfern der regelmäßigen Linien des Norddeutschen Lloyd.

Die **Ozeandampfer des Norddeutschen Lloyd** in **Bremen**, die den regelmäßigen Verkehr nach Nord-Amerika, Süd-Amerika, Ägypten, Ostasien und Australien unterhalten, bieten eine vorzügliche Gelegenheit zu kurzen Seereisen. Die folgende Aufstellung gibt eine Übersicht, welche Länder mit den Dampfern dieser Linien besucht werden können. Hinsichtlich der Fahrtdauer sowie der Abfahrtszeiten wird auf das graue Büchlein „Fahrpläne" hingewiesen. Im übrigen wird besonders auf die verschiedenen Spezial-Prospekte aufmerksam gemacht, die alle Einzelheiten enthalten und auf Wunsch gern kostenlos vom **Norddeutschen Lloyd, Bremen,** und seinen Vertretungen abgegeben werden.

		Fahrtdauer etwa
Holland:		
Bremen-Rotterdam	mit den Reichspostdampfern der Ostasien-Linie	1 Tag
Belgien:		
Bremen-Rotterdam-**Antwerpen**		2 Tage
Hamburg-**Antwerpen**	mit den Reichspostdampfern der Ostasien-Linie	1 Tag
Antwerpen-Bremen od. Hamburg		1 Tag
Bremen-**Antwerpen**	mit den Reichspostdampfern der Australien-Linie	1 Tag
Antwerpen-Bremen		1 Tag
Bremen-**Antwerpen**	mit den Dampfern der Südamerika-Linien	1 Tag
Frankreich:		
Bremen-Southampton-**Cherbourg**	mit Dampfern der Nordamerika-Linien	1 Tag
Cherbourg-Bremen		1 Tag
Bremen-Antwerpen-**Boulogne**	mit Dampfern der Südamerika-Linien	5 Tage
Boulogne-Bremen		1 Tag
Bremen-**Boulogne** mit Dampf. d. Nordamerika-Linien		1 Tag
England:		
Bremen-**Southampton**	mit Dampfern der Nordamerika-Linien	1 Tag
Plymouth-Cherbourg-Bremen		1½ Tag
Bremen-Rotterdam-Antwerpen-**Southampton**	mit Reichspostdampfern der Ostasien-Linie	6 Tage
Hamburg-Antwerpen-**Southampton**		5 Tage
Southampton-Antwerpen-Hamburg oder Bremen		4 Tage
England:		
Bremen-Antwerpen-**Southampton**	mit Reichspostdampfern der Australien-Linie	5 Tage
Southampton-Antwerpen-Bremen		4 Tage
Portugal:		
Bremen-Antwerpen od. Boulogne-Coruña-Villagarcia oder Vigo-**Lissabon**	mit Dampfern der Südamerika-Linien	9—10 Tg.
Lissabon-Vigo-Boulogne-Bremen		5 Tage
Madeira:		
Bremen-Antwerpen od. Boulogne-Coruña-Villagarcia oder Vigo-Lissabon-**Madeira**	mit Dampfern der Südamerika-Linien	11 Tage
Madeira-Lissabon-Vigo-Boulogne-Bremen		7 Tage

		Fahrtdauer etwa
Spanien:		
Bremen-Antwerpen-Boulogne-**Coruña-Villagarcia** oder **Vigo**	mit Dampfern der Südamerika-Linien	7—8 Tage
Vigo-Boulogne-Bremen		4 Tage
Bremen-Rotterdam od. Hamburg direkt Antwerpen-Southampton-**Gibraltar**	mit Reichspostdampfern der Ostasien-Linie	10 bezw. 9 Tage
Gibraltar-Southampton-Antwerpen-Bremen od. Hamburg		8 Tage
Genua-Neapel-**Gibraltar**	mit den Dampfern der Mittelmeer-New York-Linie	4 Tage
Gibraltar-Algier-Neapel-Genua		4 Tage
Algerien-Italien:		
Bremen-Rotterdam od. Hamburg direkt Antwerpen-Southampton-Gibraltar-Algier-**Genua**	mit Reichspostdampfern der Ostasien-Linie	13 bezw. 12 Tage
Genua-Algier-Gibraltar-Southampton-Antwerpen-Bremen oder Hamburg		12 Tage
Bremen-Antwerpen-Southampton-Algier-**Genua**	mit Reichspostdampfern der Australien-Linie	11 Tage
Genua-Algier-Southampton-Antwerpen-Bremen		11 Tage
Gibraltar-**Algier**	mit Dampfern der Mittelmeer-New York-Linie	1 Tag
Algier-Neapel-Genua		3 Tage
Gibraltar-Algier-**Neapel-Genua**	mit Dampfern der Mittelmeer-New York-Linie	3 bezw. 4 Tage 1 bezw. 2 Tage
Genua-Neapel-Palermo	mit Dampfern d. Alexandrien-Linie	2 Tage
Marseille-**Neapel**		2 Tage
Neapel-Marseille		2 Tage
Ägypten:		
Bremen-Rotterdam od. Antwerpen direkt Southampton-Gibraltar-Algier-Genua-Neapel-**Port Said**	mit Reichspostdampfern der Ostasien-Linie	20 oder 19 Tage
Port Said-Neapel-Genua-Algier-Gibraltar-Southampton-Antwerpen-Bremen oder Hamburg		17 Tage
Bremen-Antwerpen-Southampton-Algier-Genua-Neapel-**Port Said**	mit Reichspostdampfern der Australien-Linie	18 Tage
Port Said-Neapel-Genua-Algier-Southampton-Antwerpen-Bremen		19 Tage
Marseille-Neapel-**Alexandrien**	mit Dampfern der Alexandrien-Linie	5 Tage
Alexandrien-Neapel-Marseille		5 Tage
Venedig-(Korfu)-**Alexandrien**		5 Tage
Alexandrien-(Korfu)-Venedig		5 Tage

C. Reguläre Linien.

I. Bremen—New York.
(Dienstags- und Sonnabends-Abfahrten)
a) Doppelschrauben-Schnelldampfer „Kaiser Wilhelm II"
„ „ „Kronprinzessin Cecilie"
„ „ „Kronprinz Wilhelm"
„ „ „Kaiser Wilhelm der Große"
b) Doppelschrauben - Salonpostdampfer und Postdampfer.
Die Dampfer fahren auf der Linie Bremen—New York zum Teil direkt, zum Teil über Boulogne sur Mer oder Southampton, Cherbourg, auf der Linie New York—Bremen über Plymouth, Cherbourg.

II. Bremen—Boston.
III. Bremen—Philadelphia.
IV. Bremen—Baltimore.
V. Bremen—New Orleans.
VI. Bremen—Galveston.
VII. Bremen—London
mit den Dampfern der Dampfschiffahrts-Gesellschaft „Argo". Abfahrt von **Bremen:** Jeden Montag, Dienstag, Mittwoch, Donnerstag und Sonnabend. Abfahrt von **London:** Jeden Dienstag, Mittwoch, Freitag und Sonnabend. Befördern Kajüten- und Zwischendeckspassagiere.

VIII. Bremen—Hull
mit den Dampfern der Dampfschiffahrts-Gesellschaft „Argo". Abfahrt von **Bremen:** Jeden Dienstag, Donnerstag und Sonnabend. Abfahrt von **Hull:** Jeden Dienstag, Donnerstag und Sonnabend. Die Dampfer befördern nur erste Klasse- und Zwischendeckspassagiere.

IX. Bremen—La Plata.
Passagier-Postdampfer-Linie nach Buenos Aires. Reiseweg: Bremen, Antwerpen, Boulogne, Coruña, Villagarcia evtl. Vigo, Lissabon evtl. Madeira, Rio de Janeiro, Montevideo und Buenos Aires. Befördern Kajüten- und Zwischendeckspassagiere, sowie Ladung; letztere jedoch nur nach Buenos Aires.

X. Bremen—Brasilien.
Passagier-Postdampfer-Linie.

XI. Fahrt nach Italien
mit den Dampfern der Reichspostdampfer-Linien.

XII. Bremen—Cuba.

XIII. Alexandrien-Linien:
Verkehr vermittelst der Doppelschrauben - Salondampfer „Prinz-Regent Luitpold", „Prinz Heinrich" und „Schleswig".
a) nach Alexandrien:
Marseille—Neapel—Alexandrien.
Venedig—Alexandrien direkt.
Venedig—Korfu—Alexandrien.
b) von Alexandrien:
Alexandrien—Neapel—Marseille.
Alexandrien—Venedig direkt.
Alexandrien—Korfu—Venedig.

XIV. Mittelmeer-Linie.
Genua—New York—Genua.
Zwischen Genua bezw. Neapel New York über Palermo, Algier, Madeira und Gibraltar.

XV. Reichspostdampferlinie
nach Aden, Colombo, Penang, Singapore, Hongkong, Shanghai, abwechselnd Tsingtau und Nagasaki, Kobe und Yokohama.

XVI. Frachtdampferlinie
nach Ostasien.

XVII. Bremen—Australien.
Colombo, Fremantle, Adelaide, Melbourne und Sydney.

XVIII. Bremen—Australien.
Frachtdampfer.

XIX. Orient-Küstenfahrt.
a) Singapore—Bangkok—Singapore.
b) Singapore—Brit. Nord-Borneo und Süd-Philippinen.
c) Hongkong—Brit. Nord-Borneo—Hongkong.
d) Singapore—Bali—Celebes—Molukken.

XX. Austral-Japan Linie.
(Sydney—Kobe—Sydney.)

XXI. Singapore—Neuguinea.

D. Passagier-Flotte des Norddeutschen Lloyd.

*§ Kronprinzessin Cecilie	*§ Seydlitz	§ Crefeld	Keong Wai
*§ Kaiser Wilhelm II.	*§ Zieten	§ Aachen	Machew
*§ Kronprinz Wilhelm	*§ Sierra Nevada	§ Mark	Wong Koi
*§ Kaiser Wilhelm der Große	*§ Sierra Ventana	§ Pfalz	Anghin
	*§ Sierra Córdoba	§ Pommern	Borneo
*§ George Washington	*§ Sierra Salvada	§ Posen	Chiengmai
*§ Prinz Friedrich Wilhelm	* Prinz Waldemar	§ Rheinland	Choising
*§ Berlin	* Prinz Sigismund	§ Elsaß	Darvel
*§ Großer Kurfürst	* Coblenz	Franken	Deli
*§ Bremen	*§ Wittekind	Schwaben	Kohsichang
*§ Königin Luise	*§ Willehad	Hessen	Kwong Eng
*§ König Albert	*§ Schleswig	Westfalen	Locksun
*§ Prinzeß Irene	*§ Prinz Heinrich	Lothringen	Malaya
*§ Princeß Alice	*§ Prinz-Regent Luitpold	Thüringen	Manila
*§ Friedrich der Große	*§ Breslau	Schlesien	Marudu
*§ Barbarossa	*§ Brandenburg	§ Holstein	Mei Dah
*§ Rhein	*§ Cassel	Göttingen	Mei Lee
*§ Main	*§ Chemnitz	Greifswald	Paklat
*§ Neckar	*§ Köln	Tübingen	Patani
*§ Prinz Ludwig	*§ Frankfurt	Sigmaringen	Petchaburi
*§ Prinz Eitel Friedrich	*§ Hannover	§ Nixe	Pitsanulok
*§ Bülow	Coburg	§ Najade	Pongtong
*§ Derfflinger	§ Eisenach	* Vorwärts	Rajaburi
*§ Goeben	§ Gotha	* Glückauf	Rajah
*§ Kleist	§ Gießen	*§ Seeadler	Ranee
*§ Lützow	Helgoland		Samsen
*§ Yorck	Norderney	**Orient-Küstenfahrt.**	Sandakan
*§ Gneisenau	Borkum		Sumatra
*§ Roon	§ Erlangen	Chow Fa	Teo Pao
*§ Scharnhorst	§ Würzburg	Chow Tai	Tsingtau

Im Bau befindlich:

Dampfer	Pferde-kräfte ca.	Br.-R.-Tons ca.	Dampfer	Pferde-kräfte ca.	Br.-R.-Tons ca.
*§ Columbus	30 000	35 000	§ Frachtdampfer	4 400	8 000
*§ Passagier- und Frachtdampfer	30 000	35 000	§ do.	4 400	8 000
*§ Zeppelin	10 000	15 000	§ do.	4 400	8 000
*§ München	16 000	18 000	§ do.	4 400	8 000
§ Anhalt	4 000	6 600	§ do.	4 400	8 000
§ Waldeck	4 000	6 600	§ do.	4 400	8 000
§ Frachtdampfer	4 000	6 600	§ do.	4 400	8 000
§ do.	4 000	6 600	* Passagiertender	1 300	800
§ do.	4 000	6 600	Medan	1 850	1 600
§ do.	4 000	6 600	Zus.	143 950	201 000

Zusammen 135 Seedampfer . . . . mit 706 100 Pferdekräften und 907 996 Br.-R.-Tons
Ferner:
§ 1 Schulschiff . . . . „ „ „ 3 242 „
358 Schlepper, Flußdampfer, Barkassen,
Leichter usw. . . . . „ 15 995 „ „ 71 713 „

Insgesamt: 494 Fahrzeuge mit 722 095 Pferdekräften und 982 951 Br.-R.-Tons

* Doppelschraubendampfer.

Die mit § bezeichneten Dampfer sind mit drahtloser Telegraphie ausgerüstet.

C. PRÄCHTEL
Kaiserl. und Königl. Hoflieferant

Werkstätten für Wohnungs-
einrichtung und Innenausbau.
Ständige Ausstellung künstle-
risch durchgeführter
Innenräume

Berlin SW. 19, Krausenstr. 31/32

— Gegründet 1824 —

EINHORN-APOTHEKE
(PHARMACIE INTERNATIONALE)
Frankfurt a. M. JUL. RUBENSOHN Theaterplatz 1
Anfertigung sämtlicher auswärtiger Rezepte
SEPARATE KOSMETISCHE ABTEILUNG
Lager fast sämtlicher englischer, französischer etc. Spezialitäten
PARFUMERIEN, SEIFEN UND SONSTIGER TOILETTE-ARTIKEL
English spoken   On parle français

P. Dörffel
Berlin N.W. Unter den Linden 44
Hoflieferant Sr. Majestät des Kaisers
Brillen, Kneifer und Lorgnetten
Lager von
Zeiß-Punktal-Gläsern
für Brillen
Schrittzähler u. Höhenmesser
Theater- und Reise-Gläser
Prismen-Feldstecher
von Zeiß, Goerz u. Busch u. a.
zu Original-Fabrikpreisen